香港馬拉松的足蹤

楊世模　彭　冲　　著

商務印書館

封面相片由香港中華基督教青年會提供。

香港馬拉松的足蹤

作　　者：楊世模　彭冲

責任編輯：蔡柷音

封面設計：涂　慧

出　　版：商務印書館 (香港) 有限公司

　　　　　香港筲箕灣耀興道 3 號東滙廣場 8 樓

　　　　　http://www.commercialpress.com.hk

發　　行：香港聯合書刊物流有限公司

　　　　　香港新界大埔汀麗路 36 號中華商務印刷大廈 3 字樓

印　　刷：中華商務彩色印刷有限公司

　　　　　香港新界大埔汀麗路 36 號中華商務印刷大廈 3 字樓

版　　次：2017 年 3 月第 1 版第 1 次印刷

　　　　　© 2017 商務印書館 (香港) 有限公司

　　　　　ISBN 978 962 07 3440 3

　　　　　Printed in Hong Kong

序一

永不放棄的田徑精神

近年，香港人越來越注重健康，也有不少人熱愛長跑運動。現時長跑比賽頻繁，幾乎每個週末都有大大小小的賽事，帶動着田徑運動不斷向上。

我本人有幸參與田徑界發展多年，獲益良多。由 1969 年開始，我加入了田徑總會義務工作，期間經歷了不少田徑及長跑比賽，包括參與不同水平的亞洲及世界賽事，如：在港舉行的亞洲馬拉松及亞洲越野錦標賽等。除此之外，在香港亦舉辦了多項國際比賽，邀請亞洲及鄰近國家及地區的運動員參加。

安排長跑比賽方面，這幾十年來有不少畢生難忘的經歷，於困難中探求出路。1969 年香港首次於新界舉行的 42.195 公里的元朗馬拉松，由一個十分鄉村式的長跑比賽到 1992 年的跨境比賽安排，其時連續四個月不停來往香港深圳商討，計劃路線及安保安排等。1997 年與渣打在短短三個月內於青馬大橋舉辦兩次馬拉松賽事，使用一條仍未有車輛行駛的道路。1998 年讓跑手能在尚未啟用的赤鱲角機場跑道上暢跑。到今時今日渣打香港馬拉松於繁華鬧市中起步，參加人數達 70,000 多人，跑過香港各處地標，以銅鑼灣鬧市為終點，賽道更獲國際田徑聯會（International Association of Athletics Federations）升格為金級賽事。雖然賽事舉辦得一年比一年順暢、順利，但不時仍然有些小插曲，具極大挑戰，每一次能令我迎難而上，實有賴一眾對長跑運動充滿熱誠的朋友及跑手支持方能成事。

《香港馬拉松的足蹤》的出版實在令人鼓舞，彭冲先生及楊世模博士經過詳細的長跑歷史翻查，意義重大。回想由 1969 年首次馬拉松賽誕生至今，香港馬拉松年年刷新參賽人數紀錄，被譽為"香港品牌活動"，香港長跑發展一路走來實不容易，有賴有心人把每一個細節紀錄下來，好讓更多人認識香港長跑歷史。此為一本過去曾為田徑、長跑作出貢獻的人的肯定，現代人的回憶回顧，也讓後世人參考的文獻。

多年前，楊博士曾出版並贈我《長跑運動全攻略》一書，當時他附上一句：

馬首是瞻，
拉動田徑，
"松"不放棄。

感謝他多年來的鼓勵及幫助，共同攜手推動田徑各項發展及比賽，希望藉着這本書，令大眾更深入了解香港長跑發展，帶動身邊的朋友參與長跑運動，堅守永不放棄的田徑精神。

高威林 B.B.S. , M.H.
香港業餘田徑總會首席副會長暨
渣打香港馬拉松籌委會主席

序二

加速香港長跑運動發展

香港業餘田徑總會於 1951 年成立後，致力推動香港田徑的發展。田徑運動的範疇很廣，包括田徑場地賽、道路長跑賽、競走賽和越野賽。最近，國際田徑聯會更將超級長跑（Ultra Running）和山野賽跑（Mountain and Trail Races）歸納為田徑範疇內的最新項目。

在芸芸項目中，長跑在香港發展得最為全面。從戰前開始至今，長跑運動已經有不同形式的比賽，發展過程中充滿挑戰，亦包含着熱誠、勵志、激情和趣味性。

年前跟彭冲先生和楊世模博士兩位田徑界前輩傾談，得知他們有計劃編纂一本關於香港長跑發展的書籍，本人喜出望外，深慶得人，表示大力支持。

彭冲先生為香港運動界的翹楚，對香港體育界貢獻良多，彭先生多年來擔任香港奧林匹克委員會義務秘書長，經常代表香港出席世界各項運動盛事和會議。他本身亦是田徑界的精英屢破香港跳高及三級跳紀錄，曾當選兩屆田徑總會最佳運動員。他對體育的認識深厚，可譽為香港體育界，特別是田徑運動中的一本活字典。

楊世模博士是香港理工大學康復治療科學系教授，更為歷屆香港奧運及亞運首席義務物理治療師，多年來義務為田徑總會副主席義務負責管理香港田徑隊，更包括精英運動員的培訓和比賽。他亦是優秀的田徑運動員，曾是香港中距離賽跑的代表。楊世模博士對運動的熱誠和執着，一直被田徑大家庭的成員極為尊重。他的行為表現，正正與我們運動界追求嚴謹和卓越的精神吻合。

《香港馬拉松的足蹤》全書圖文並茂，主要分為四大部分：〈長跑運動話當年〉、〈競賽，跑向世界〉、〈全民長跑熱〉和〈馬拉松的經濟效益〉，內容豐富真實。本書為香港長跑歷史發展的重要參考。兩位前輩在收集資料方面下了很多功夫，態度十分嚴謹。宋朝詩人劉克莊《還黃鏞詩卷》的詩句，正好為本書的寫照：

"源流不亂知歸趣，篇什無多見苦心。"

祈望憑着本書對田徑長跑所產生的動力，令香港長跑運動能夠加速發展，全民健康快樂，比賽成績更能向前大步邁進。

關祺

香港業餘田徑總會主席

目　錄

前言

一起走過的日子

　　近年馬拉松運動不論在香港及世界各地都蔚然成風，每個城市都爭相舉辦有其特色的馬拉松，吸引本地及外地跑手參賽，為其城市推廣形象。單以城中香港國際馬拉松為例，七萬多個跑手名額，瞬間已經滿額。你是否也是其中一位參與者呢？跑馬拉松為甚麼能吸引這麼多人呢？跑步和很多運動不同，首先裝備簡單又不受場地規限，既可個人獨跑，亦可與眾同樂；強身健體之餘，更可挑戰自己。

　　香港從有紀錄的長跑賽事（1910 年）直到現在，已經是超過一世紀的事情了，《香港馬拉松的足蹤》一書以香港道路長跑為緯，紀錄了戰前的長跑運動在香港萌芽，一直發展至今天全城參與，成為以長跑健身的活力城市。道路長跑的路線，亦見證了香港市鎮的發展，長跑的發展和香港社會的發展可謂連成一線。本書主要分成四個部分，〈長跑運動話當年〉紀錄了從開埠初期西方體育概念如何傳入香港。馬拉松賽跑一向被譽為極富挑戰性的運動，它不但將運動員的體能發揮至極點，更是人類決心和毅力的最高考驗。正因如此，香港戰前的很多道路長跑都冠以"馬拉松跑"之名。好像由香港業餘田徑總會舉辦的 1910 年長跑，原本是叫"Broke 挑戰盃跑"，但為了更吸引參加者，便稱作"馬拉松跑"，但當時所跑的距離不過七英里左右而已。接着由香港聖彼得教會及九龍聖安德烈堂舉辦的每年道路長跑賽事都分別以"香港馬拉松跑"及"九龍馬拉松跑"命名。戰前的長跑運動多是外國人參與，而教會團體是主要的主辦者。戰後的長跑運動，民間的體育組織及香港業餘田徑總會成為舉辦賽事的兩大支柱。戰後初期到六十年代，主要的長跑賽事還可以在當時交通尚不算太繁忙的彌敦道上暢跑。

要在香港舉辦一個全程馬拉松，賽道的安排自然是重要的考慮因素，香港真正的 42.195 公里馬拉松跑要到 1969 年才正式首次舉行，得已成事，可說是得着天時地利及人和。天時者，香港政府在 1969 年舉辦了首屆香港節，各地區都舉辦不同形式的體育文娛活動以慶祝香港節；地利者，元朗區在六十年代是一個剛起步的衛星城市，賽道安排比較容易得到社區及政府相關部門支持，而元朗大球場亦在 1969 年建成，剛好可以用來作為起點及終點的集散處；人和是這場馬拉松賽事得到社會賢達慷慨捐輸，能夠邀請出色的國際跑手來港參賽，將全港第一屆馬拉松成為名正言順的國際馬拉松賽事。

七十年代長跑競賽可說是百花齊放，民間體育組織逐漸淡出主辦長跑賽事，七十至八十年代的長跑及馬拉松賽事多由田總屬會組織，並由香港業餘田徑總會承認。其中馬拉松賽事就是由香港長跑會在 1977 年起開始舉辦至 1991 年，從開始在石崗軍營到沙田新市鎮及東區走廊，見證了新市鎮及高速公路的發展。

港深馬拉松是香港主權回歸前別具意義的馬拉松賽事，回歸前港英政府的玫瑰園計劃為田徑總會提供了兩個獨一無二的馬拉松賽事：青馬大橋馬拉松（1997）及香港新機場馬拉松（1998）。

跑過三隧三橋的香港渣打國際馬拉松經歷了 20 年，2016 年跑手終於可以重溫戰前九龍聖安德烈教堂舉辦的長跑及戰後中國健身會舉辦的元旦國際長跑中，彌敦道的主要路段。

如果說香港田徑運動員曾創立長跑的世界紀錄，相信很多人都會說是癡人說夢，但實情是真的。在五、六十年代來港的英軍中，曾經有一名從英國來的海軍 Robert Henry Pape，他還未來香港之前在英國已經享負盛名，是一名出色的長跑好手，亦曾代表英國皇家海軍比賽。1956 年 1 月 5 日南華會加路連山道田徑場有一長 30 英里的賽事，他以 2 小時 54 分 45 秒的世界最佳時間完成。本書的第二部分〈競賽，跑向世界〉，紀錄了五、六十年代華洋共處，互相砥礪的年代，到 1984 年洛杉磯奧運會香港終於有馬拉松選手參加奧運馬拉松賽事，以至現今香港長跑運動員在廣闊的國際比賽領域中爭持。

長跑普及化的必然現象是跑手的光譜寬了，精英跑手談的是名次、成績，羣眾跑手所追求的可大不相同。本書的第三、第四部分，分別述及全民長跑熱及馬拉松所帶來的經濟效益。

六十至七十年代的獅子山下，同舟共濟，在跑道上在人生上為理想一起去追求不同地方上的目的，在跑道上是公平的，在人生事業上是公平的，是沒有所謂贏在起跑線的，有的是天道酬勤，功不唐捐。社會沒有現今發達，筆者 (楊世模) 當年曾蒙施文體育基金支持長跑裝備，今天的社會比上世紀的確是富裕了很多，但社會上還有很多為口奔馳的家庭，家中可能有天分很高的長跑運動員，但可能因種種原因在訓練上裝備上都不能和一般的運動員相比。本書所得的作者版稅會悉數捐給香港業餘田徑總會，成立長跑運動員訓練基金，以期在訓練或裝備上，幫助有需要的學生長跑運動員。

本書能順利出版，實有賴香港業餘田徑總會主席關祺先生及執委會同人的支持，尤其是總會公關及市場推廣經理黃卓敏小姐的資料蒐集及校正，商務印書館編輯蔡梲音小姐的筆潤。另蒙南華體育會、香港中華基督教青年會、《華僑日報》、《南華日報》、香港歷史博物館、政府新聞處、政府檔案處、香港公共圖書館等機構及陳鴻文先生親身口述歷史，並慷慨借出書中珍貴的歷史照片，豐富了全書的內容，特此鳴謝。

第 一 部

長跑運動話當年

第一章　從開埠細說從頭

一、西方體育概念傳入中國

十五世紀，天主教國家葡萄牙與西班牙等歐洲國家的船隊以堅船利砲為後盾掀起"大航海時代"（The Age of Discovery），試圖尋找新的貿易機會，而亞洲正是他們最感興趣的區域。葡萄牙在明武宗正德九年至十六年（1514 年 -1521 年）便曾佔領香港屯門一帶，但為明朝水師打敗。[1] 當十六世紀葡萄牙利用澳門作為踏腳石，成功地經廣州和中國通商之後，英國人亦虎視眈眈，嘗試找機會和中國建立貿易關係。清代一向沿用明代的海禁政策，以朝貢制度為主，此政策一直延至十八世紀初期，後來逐步放寬對外貿易，設立指定口岸通商，又有公行、商館貿易制度。

受到歐洲工業革命的影響，英國覺得通過東印度公司通商，輸入中國絲綢和茶葉不可以扭轉當時兩國貿易的不平衡狀況。英國便以清乾隆皇帝 83 歲壽辰為借口，由英國喬治三世下詔由大臣馬戛爾尼（George Macartney），率領一個高格調的外交團隊，於 1792 年 9 月 26 日由樸茨茅夫（Portsmouth）起程首次前往北京朝聖，實為要求清政府減免關稅及開設更多商埠。翌年，英國代表團才獲得乾隆皇帝恩准接見，據說至 1794 年後他們才獲得清朝一個簡單的書面回覆："本皇朝富甲天下，並不需要任何海外蠻夷民族的工業產品作為與中國農產品貿易的見面禮。"就此婉拒英帝國通商要求，另一說法是當時英大臣馬戛爾尼在朝見皇上的一刻，拒絕行三跪九叩的大禮儀，觸怒了

1　王崇熙：《新安縣志》，1828 年。

當時高坐在位的清帝，因此草草結束了英大使第一次的官式訪問。[2]

誰也料想不到半世紀之後，中英的商務接觸演變成為兵戎相見。自 1800 年起，英國的東印度公司向中國輸入大量鴉片。1838 年清大臣林則徐奉道光皇帝聖旨，下令到廣州禁鴉片及銷煙，連串與英國的貿易和外交衝突引發中國近代史著名的鴉片戰爭。最後在 1842 年中國不敵，被迫簽下近代中國第一條不平等的對外開放通商的《南京條約》。在條約下，屈辱於列強手上，除了要割讓香港島予英國管理及賠款外，還要開放五口通商。西方的文明隨着宗教和軍事因素都紛紛由沿海城市，例如廣州、寧波、廈門、上海、天津等傳入中國。

西方除了兵甲槍炮精良之外，士兵的團隊訓練還着重強身健體的操練。體育是教育其中一個重要環節，這些新的西方概念和理論與原有的束方文化有很大的差距，但隨着開放商埠和推行洋務運動，此等概念漸漸傳入中國。西洋體育先後由上海英租界傳入中國，美國基督教長老會（Presbyterian Church）於 1850 年在小南門外桑園街建立清心書院，開設男塾、女塾供各國僑民學童上課外，也招收中國學童。而書院正式成為一間英文學院的年代，可能延至 1860 年。1890 年上海聖約翰書院（St. John College）更在小南門外桑園街舉行第一屆運動會。另外，天津水師學堂、中西學堂、南京陸軍學堂、湖北武修學堂等相繼聘請英德法教官來華，引進軍事訓練之體操、步操、跑步等運動。從此體育成為學校教育課程的一部分。[3]

體育運動在港萌芽

英軍於 1841 年 1 月 26 日從上環水坑口登陸，升起英國國旗，正式駐軍

2　John Carroll, *Canton Trade*（Hong Kong: University of Hong Kong）.

3　湯銘新：《奧運會的教育價值觀》（台北：中華台北奧林匹克委員會，2007 年），頁 355。

1903年的皇仁書院學生正在拔河。
Queen's College students playing tug-of-war in 1903.

香港，香港從此成為英國一個小小的殖民地。[4] 西方教育透過當時的宗教團體引進香港。1843 年，蘇格蘭傳教士馬禮遜（Robert Morrison）把 1818 年在馬來西亞馬六甲創立的英華書院，遷至香港，開始教會團體在港的辦學事業。隨之而來的有美國浸信會、倫敦傳道會、美國公理會、英國聖公會和羅馬天主教會。教會學校得到香港政府支持，發展迅速。1862 年，殖民地政府興辦第一所學校——中央書院，後改稱皇仁書院。各式教會書院以英國公立學校模式教育，教授香港華人及外籍學生，而體育當然是課程的一部分。

當時學生課餘會相約在球場上作各項運動練習，華人足球是其中熱門的一項。自 1904 年，晚清積弱不振，年青有志之士皆謀自強，當時體育是西方時尚之風，華人學生皆以一洗"東亞病夫"之恥辱為快，因此更關注和熱愛體育運動。另外，香港是經商貿易的交滙點，亦為中西文化交流的橋樑，多與外國人建立友誼，吸收體育競技知識的機會亦較內地其他地方迅速。

1910 年南華體育會（簡稱南華會，South China Athletic Association）於香港成立，其前身是華人足球隊，後來演變成一體育會所，讓會員進行各項體育活動，包括足球、游泳等。下列三項史實證明當年南華會已受到西洋文化

4　Y. W. Lau, *A History of the Municipal Councils of Hong Kong: 1883-1999*（Hong Kong：Hong Kong University Press, 2002），p7.

穿着傳統清代服裝，留髮辮的皇仁書院學生正在拔河

影響，為香港體育領域創造了新局面 —— 在本地培育一輩香港青年參與內地比賽如廣東省運會，有者更代表中國在海外揚威，例如遠東運動會：

　　1910 年 10 月，當時仍然是滿清年代，由上海青年會發起組織了一次規模較大的運動會，在南京舉行。辛亥革命後，一般皆稱這次運動會為第一屆全國運動會。香港派代表前往參加各項運動，而代表則多由各校精英選出。當年南華足球隊是以中央書院學生為骨幹，贏得全國足球冠軍。[5] 自 1915 年起，香港足球隊代表中國在遠東運動會出賽，並連奪七屆冠軍，為國爭光。首次得獎時，香港華人從未有體育團體得到任何球類錦標人士，南華足球隊首次打破外籍人士贏得所有體育獎牌的壟斷局面。[6] 1921 年南華創辦首屆全港華人運動會，並參加廣東省第八屆運動會，為當年本地田徑隊寫下一篇光榮史，而本港的長跑訓練自此開始。可惜南華會在 1940 年至 1944 年香港淪陷期間，歷史典籍文物在戰禍中損毀，失去重要紀錄。

5　李撝如：《南華體育會七十周年史略》(香港：南華體育會，1980 年)，頁 19-37。

6　只有少部分中國文獻記載 "第 4 屆全運會由全國體協籌辦，而比賽結果以上海、廣東及香港成績較優異"，《中國大百科全書》(北京：中國大百科全書，1982 年)，頁 525。

HONGKONG AMATEUR ATHLETIC ASSOCIATION.

The annual meeting of the Hong-
kong Amateur Athletic Association
was held last night at Dr. Forsyth's
office, Alexandra Buildings. Dr. C.
Forsyth presided. The second annual
report was submitted, thanks being
tendered to Sir Paul Chater, C.M.G.,
staff of the Eastern Telegraph Co.
the Kowloon Cricket Club, Mr. R.
Shewan and Mr. F. B. Deacon for
presennting challenge cups. The hon.
treasurer's accounts showed a bal-
ance of $47.50. The Chairman com-

1909 年《南華早報》刊登一篇關於
香港業餘田徑總會兩週年年報的報
道

THE MARATHON RACE.

THE BROKE CHALLENGE CUP.

On Saturday afternoon another
innovation was inaugurated in Hong-
kong, under the auspices of the
A.A.A., one whish we trust will have
a long lease of life in the Colony.
Owing to the want of interest shown
in the cross-country runs for the
Broke Challenge Cup across in
Kowloon, Colonel Broke was com-
municated with, the result being
that the donor has given his consent
to the race being transformed into
a Marathon race, this euphonious
term appealng more to the long dis-
tance runners than the simple one
of a cross-country run. The condi-
tions of the race were undoubtedly
more trying than hitherto, as a
portion of the route, from Aberdeen
up to the Dairy Farm, was a decided
incline, after which it was all more
or less down hill. The weather was

1910 年舉辦的馬拉松
長途賽跑(《南華早報》
1910 年 1 月 24 日)

二、戰前長跑賽事記誌

　　香港日佔時期前的 1910 年至 1941 年,能從香港報紙和雜誌找到有關香港長跑事跡的報道,大致可以分成港島及九龍半島的賽事,從這些賽事我們不難發覺當時香港及九龍半島的城市規劃發展及社會民生情況。

　　根據報章記載,戰前的香港業餘田徑總會應在 1907 年成立,是英國業餘田徑總會的延伸。香港有紀錄的長跑比賽可追溯至 1910 年,當時的香港業餘田徑總會在 1910 年 1 月 18 日舉辦了一場馬拉松長途賽跑,路線大約是從香港仔鴨巴甸船塢經薄扶林道及堅道至中環香港木球會(約 6 英里)。據報道當時有 20 人報名,比賽當日有 15 人報到,冠軍是外國人盧深(Rosam),完成時間是 33 分。[7] 從比賽路線已可勾畫出香港開埠初期的主要工業是船塢業,勞動人口密集。香港仔鴨巴甸船塢原名夏圖拉蒙特船塢(Lamont and Hope

---

7　《南華早報》,1910 年 1 月 8、22、24 日。

1910 年中環香港木球會

1910 年的香港

1913 年港島電車

1908 年位於海旁的域多利遊樂會

Dry Dock），於 1857 年成立，1860 年被黃埔收購。營運至上世紀七十年代才拆卸，現址為香港仔中心。而香港木球會於 1851 年成立，秉承英式傳統推廣木球、網球及其他體育活動，亦順應殖民政府的優勢，原木球會盤踞於中區遮打道達 124 年，直至 1975 年，才從中區搬至現今黃泥涌峽道。

當年的比賽，從勞動人口密集的香港仔一直跑到環境優雅的中環香港木球會，兩地真可説是南轅北轍，不過當時的薄扶林道及堅道已經是從香港南邊接軌至港島中的主要道路樞紐。

除香港業餘田徑總會舉辦的賽事外，香港後備警察會和香港拳擊總會先後於 1918 年及 1920 年在港島區舉行了兩場長途賽跑，香港後備警察會的賽事從皇后像廣場出發，沿海旁的香港會經梅利道（今美利道）往皇后大道東，依着電車線行走一直到筲箕灣以後回頭，從同一方向回到皇后像廣場（全程

50 年代，時任秘書沙理士（A. de. O. Sales，葡國人）（中）陪同港督葛量洪（右）在充滿殖民地色彩的域多利遊樂會主持儀式

大約 12 英里），參加者主要是外籍人士或印巴籍僱傭兵。這段路程見證了香港城市化的進程，1904 年電車已經從堅尼地城駛至筲箕灣，是當時往來中環至港島東的主要交通工具。

及後域多利遊樂會（Victoria Recreation Club）於 1923 年及 1924 年舉辦了兩屆攀登太平山比賽。1923 年的賽事路線從薄扶林警署起步，經薄扶林道上山頂纜車站，到山頂之後，運動員要經賓吉道、種植道、馬己仙峽道、寶雲道、黃泥涌峽道回到黃泥涌峽道的香港足球會。域多利遊樂會是香港歷史最悠久的私人會所，於 1849 年成立。另外，聖彼得堂青年男子會於 1928-1930 舉辦了三屆港島十英里馬拉松跑[8]（見章末附表一，頁 54）。

---

8 《南華早報》，1918 年 4 月 18 及 22 日；《香港華字日報》，1920 年 1 月 31 日及 2 月 4 日；《南華早報》1920 年 1 月 17 日、2 月 23 日、1923 年 3 月 29 日、1928 年 4 月 23 日、1929 年 3 月 18 日及 1930 年 2 月 17 日。

從這幾個比賽的路線我們不難發覺在 1920 年代除了維多利亞城,亦即四環九約外,香港道路的發展從港島南遠至港島東的筲箕灣,及至容許西人居住的山頂,都有比較完善的道路設施,而當時的長跑比賽亦可以遊走於當時最繁盛的街道。

教會舉辦的"九龍馬拉松"(1921-1941)

香港戰前最有規模及較有持續性的長跑賽事可追溯至 1920 年,由九龍聖安德烈堂(St Andrew's Church)舉辦的長跑賽事。1904 年,聖安德烈教堂屬香港聖公會轄下,當時保羅・遮打爵士(Sir Catchick Paul Chater)捐助 35,000 元,於羅便臣道(今彌敦道)及柯士甸道附近興建。主要服務當時九龍半島的社區,其實當時早期的教會會友大多數是駐紮於九龍威菲路軍營(Whitfield Barracks)的英軍士兵,所以基本上是一所為外籍人士而設的教堂。教會在崇拜之餘,亦為會友提供康體活動,長跑比賽既有地利,可以在教會旁起步,沿彌敦道跑,同時亦有天時,能夠直接反映長跑和基督教在中國的關係,莫如電影《烈火戰車》(Chariots of Fire)。[9] 電影講述 1924 年巴黎奧運會中兩位運動員 Harold Abrahams 及蘇格蘭籍 Eric Liddell(李愛銳),一個為個人榮譽而跑,一個為着榮耀神。李氏生於中國天津,父親是傳道人,全家都是虔誠的基督徒。1924 年巴黎奧運會,李愛銳為持守信仰守主日不出賽的原則,放棄了穩操勝券的 100 米短跑比賽,改為參加不擅長的 400 米,但一樣以驚人的時間 47.6 秒奪金,更刷新世界紀錄。

Chariots of Fire 只敍述了李愛銳的前半生,後半生則在片末字幕以寥寥數語交代:"李愛銳,宣教士,二次世界大戰末期死於日本佔領下的中國,蘇格蘭同聲哀悼。"事實上,他的後半生更輝煌,巴黎奧運會後的一年,他毅然放棄運動生涯頂峰,回到當年仍貧窮落後的中國,在新學書院(Tientsin Anglo-Chinese College,現為天津市第十七中學)擔任科學和體育老師,開始

9　電影導演為哈德森(Hugh Hudson)。

1910 年代的聖安德烈教堂

他近 20 年的教學生涯，將福音種子孕育在學生羣中。1941 年，日本侵華，外國人紛紛撤退。因為他是 1924 年巴黎奧運金牌得主，日本人把他繼續扣留在中國。天津淪陷時，李愛銳被日軍關進山東濰坊集中營，但他仍堅守崗位，負責教書和策劃體育運動，並對與父母分離的孩子特別關愛。1945 年，他在集中營因腦癌去世，短短 43 年的人生，影響了無數生命。

李愛銳差傳的教會倫敦傳道會（London Missionary Society）和聖公會應該同脈，故聖安德烈教堂舉辦長跑賽事，有着廣傳福音的深遠意義。

從賽跑路線看社區發展

1921 年舉辦的第一屆賽事，路程 6.5 英里，有 36 名跑手參加，冠軍由任職九龍倉的外籍人士美亞以 30 分 32 秒奪冠。除 1922 年沒有舉辦外，之後至 1941 年每年都有舉辦賽事。歷經 20 屆，是戰前廣為人知的長跑賽事，報章一般以"九龍馬拉松"來命名。（見附表一，頁 55-57）。

當年的賽道路線應為：

沿彌敦道九龍聖安德烈教堂起步，往北右轉入窩打老道，經譚公道轉入漆咸道，經梳利士巴利道轉入彌敦道，以九龍聖安德烈教堂為終點。

報章記載當時的賽跑路線（《南華早報》，1932 年 3 月 1 日）

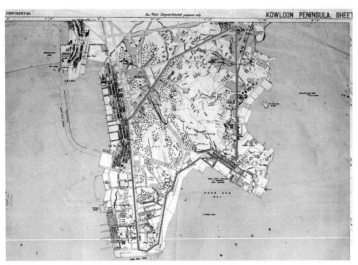

但若根據 1920 年代的九龍地區圖，路線則如圖所畫

　　1860 年，第二次鴉片戰爭後，英國政府強迫滿清政府簽下不平等的《北京條約》割讓九龍半島。以 1860 年的香港地圖，跟 1920 年代的九龍地區圖比較，我們不難發現英國政府在強佔九龍半島 60 年後的城市變化。當時九龍地區發展輪廓，主要集中在三個區域，有大型貨倉、軍營和民居的尖沙咀，有市集的油麻地，以及有大型船塢和工廠的紅磡。政府亦致力將深水埗發展

1926 年的半島酒店，左側是香港中華基督教青年會（Chinese YMCA of Hong Kong）。戰後中青會和中國健身會合辦 20 屆的元旦國際長途賽跑

《北京條約》中割讓的九龍半島

九龍半島俯視圖。聖安德烈教堂的位置在圖左，漆咸道在圖右。京士柏在圖的中央，京士柏以北已是近郊

聖安德烈教堂

金馬倫道

1920 年代尖沙咀的金馬倫道和聖安德烈堂現址

成勞動階層的住宅區。道路建設方面，主要是通過早期稱為羅便臣道的彌敦道來連接各個區域，之後通過太子道及窩打老道橫貫，以尖沙咀為中心，向荔枝角、九龍塘、啟德擴展，並伸展至觀塘。所以當年的長跑賽是橫繞着這幾個已有城市發展雛型的地區，若再往北走，是已有基本雛形、全長超過 56 英里的新界環迴公路，以通往新界偏遠地方。

這個週年長跑賽事一直舉辦至 1941 年的第二十屆，最後一屆只有 15 人完成賽事，當中全都是海陸軍人士（見章末附表一，頁 57）。教會沒有再舉辦這項賽事的原因，可能是參賽者多是軍隊中的教友，而正當此時，港英政府通過了《緊急條例》，宣佈對日本侵華事件保持中立態度，而實質上港英政府已在積極備戰，並進行大規模的海、陸、空演習。相信軍隊中的教友被濃厚的太平洋戰爭氣氛籠罩着，便無暇他想了。

華人興起組織長跑活動（1935-1941）

受了外籍人士有組織性舉辦長跑的影響和西風東漸的情況下，1935 年後，很多華人跑步組織亦相繼萌芽。他們以街坊及體育會名義，紛紛在地區上組織起來（見章末附表二，頁 58），這都是戰前自發地由華人組織起來的長跑活動，由 8,600 至 13,527 千公尺的路程不等。人數則由三十多人至近二百人，一個當年以港口為主的城市來說，可算是相當熱鬧。其中有三屆在港島西區、兩屆在九龍舉行，每屆都受到各大華報廣泛報道，例如《天光日報》、《工商日報》、《大公報》、《香港華字日報》等。

其中報道最詳盡的賽事，可說是 1935 年由中南體育會主辦的第一屆全港華人長途賽跑，當年賽事在港島舉行，可說是和九龍聖安德烈教堂的九龍馬拉松平分秋色。

1930 年代維多利亞城的面貌

1930 年代灣仔皇后大道東區域

1930 年代堅尼地道入口，相中的建築物是 Kingsclere Hotel

1930 年代的般咸道，道上行人少。相片中央為合一堂

今天的般咸道變得車水馬龍，要在這裏舉辦一場長跑賽事相信是沒可能的了，而遠景的合一堂仍然屹立至今

當年賽道由堅道中南會門前出發→亞厘諾道（今上亞厘畢道）→花園道→皇后大道東→軍器廠街→告羅士打道（今告士打道）→波斯富街→軒尼斯道（今軒尼詩道）→怡和街→加路連山道→禮頓山道→摩利臣山道（今摩理臣山道）→唫道（今灣仔峽道）→堅尼地道→堅道中南會

香港開埠以後，隨即建設起所謂維多利亞城，西起堅尼地城，東至銅鑼灣，中心地段則為中區（Central District），作為香港的首府（capital city）。總括來説，以上的長跑路線和聖安德烈堂在九龍的路線都有同樣特徵，途經港島及九龍半島最繁華的路段。至於將中區及彌敦道作為港島及九龍半島的中心，到底成因為何，則有待城市建設者再深入研究。

第一屆全港華人長途賽跑的頒獎地點在般咸道的合一堂內。合一堂源自1843年由不同教派合作而以公理宗為主導的倫敦傳道會。倫敦傳道會正正是上文所述的李愛銳差傳的教會。倫敦傳道會的前身是道濟會堂。二十世紀初全國基督教大會在上海舉行，議決在中國設立教會，並謀求各教會合一。1920年中華基督教會成立，道濟會堂於翌年加入。其後倫敦會將般含道2號舊址轉讓予道濟會堂興建新堂。1926年，新哥德式建築風格的新堂落成，由教友公決取名為"合一堂"。由此，可以歸納，香港的華人長跑活動源於西方文化，通過宗教的支持，立足於香港。

在組織比賽方面，估計活動費用是由報名費或地方及該會的首長或籌款或自行支付整項活動的開支，故組織沒有連貫性。一年或兩年舉行一次的盛會很快便消失了，是個很短暫的活動。幸好，三十年代的香港較內地政治穩定，香港社會自1920年至1922年發生海員大罷工之後，普遍勞工在船塢、煉糖廠、煙草公司等工作，一般工資都有高達30%的調整，故1930年代香港居民的生活，比中國內地其他地方略為豐裕，可以考慮一下優閒活動。再者，報紙等傳媒機構的資訊流通技術相當發達。作為一個商港，無論是內地或海外的電訊都可以迅速收到。如1930年香港運動員參加於杭州梅東高橋舉行的第四屆全國運動會，有1,630名運動員參加。比賽結果以上海、廣東、香港成績最優。中國運動員在1932年洛杉磯奧運會，及1936年柏林奧運會的表現等，都可以很快從報刊上看到。這無形中給予香港市民多點機會關心國家體育，誘發他們多做運動，強身健體。長跑可說是最廉價又可強身健體的運動，正好填補當時需要休閒活動的空間（見附表二，頁58）。

三、重光後南華會的體育復興工作

1945年戰後香港百廢待興，逃離本港的居民紛紛回港，很多民間的體育組織亦相繼復蘇。這時候英殖民政府正忙於地方重建，過去三年八個月的日治時期，民生留下很多問題，都是英殖民政府的首要任務。至於振興體育這項任務就只有落在幾大華會的肩膀上。南華體育會（南華會）、中國健身會（中健會）及香港中華基督教青年會（中青會）就是當年振興港人長跑運動之表表者。

翻閱本港田徑史實，除了戰前南華會創辦了第一屆全港華人運動會（1921年）之外，早期參加比賽的運動健兒多屬英國人。重光之後南華會各位田徑先進如田徑總會主席的梁兆綿（1955-1964）、田徑總會副主席黃紀廉、趙秉衡、李澍根等前輩，力圖恢復田徑運動的光輝。

首先在 1948 年重新開放環繞加路連山道足球場（又稱加山足球場）外的六線 400 米黑煤屎跑道，更臨時蓋搭竹棚看台。第五屆學界運動會就在此情況下再辦（戰前兩屆學運在 1938、1939 年舉行，1940 年至 1942 年因戰亂停辦，1948 年戰後重光舉辦第五屆）。為了加強氣氛，除了邀請上海長跑好手奧運代表樓文敖和王正林來港參賽之外，更邀得駐港的陸、海、空軍代表參賽，這就是香港最早期的公開田徑賽了。當時最輝煌的一頁就是樓氏於當天的 5,000 米比賽中，創出 15:42.2 紀錄（可惜樓氏的成績是在田總成立之前故未獲承認）。至 1952 年英軍高賓在全港 5,000 米大賽跑出的新紀錄為 16:3.5，但仍落後於四年前樓氏所創的成績。其後海軍拍披由英抵港於 1955年以 15:46.6 的時間破了高賓的紀錄，但仍落後於當年被譽為 "中國長跑怪傑" 樓文敖在港所創的成績，可算為當年的華人爭回一些面子。

培植華人跑手

當年戰後復原，居民仍然生活在貧窮線下。其時物質極度缺乏，赤腳也好，穿着帆布面膠底鞋也好，青年就可以隨便在街上跑，而街道上的汽車都是疏疏落落的，不如現今擠塞。就此，跑步成為青年人最便宜的活動，而長跑運動員就變成了他們心儀的偶像。為吸引這羣街童和有興趣運動的學生加入南華田徑隊，特別於 1950 年，南華會開辦了暑期訓練班，班中成績優異者便收為隊員。當時每位入隊的隊員可獲發制服一套，包括：紅白藍三色背心和藍短褲各一。其後，南華會新蓋建成可作足球及田徑比賽用途的運動場於

1954 年開幕，每週除了星期日上午之外，星期二、四黃昏時也要在加山場上集訓。練習完畢之後，無論教練或學員都在足球隊宿舍飯堂內，一同進食由會供應的熱烘烘的飯菜。對那羣年青小伙子來說，特別在冬訓嚴寒下，他們永遠不會忘記這一飯之恩。雖然現在南華會足球員宿舍已經拆卸了，但南華長跑團隊的精神也就是這樣培養出來的。[10] 當年長跑的表表者有陳鴻文、陳景賢、陳劍雄、區忠盛、譚樵、劉大彰、張國強等，都是經過這個"烘爐"鍛鍊出來的。所以有人說當年香港華籍跑手，都是從南華會的搖籃孕育出來，真的絕對沒有誇大其辭。

四、民間機構紛紛主辦大型公開賽

歷經三十一屆的香港國際元旦長跑（1947-1977）

戰後舉辦的香港長跑賽事中最年代久遠及有連貫性的，應算是香港國際元旦長跑。此活動由中華基督教青年會（中青）、中國健身會（中健）和居民聯會（居聯）合辦，1947 年為首屆，延至 1977 年，期間夾雜其他集團作為協辦者。凡三十一載之久，可算是香港最長久的公開長跑賽事。

中國健身會由當時的社會賢達組成，是戰後比較活躍的體育團體，經常舉辦不同類型的體育比賽。戰後首任主席為姚木總探長，其中最廣為人知的是他舉辦了 31 屆元旦國際長途賽跑及攀登獅子山比賽，對戰後的長跑發展功不可沒。

基督教青年會源於英國倫敦，1844 年由佐治衞良（George Williams）創立。香港中華基督教青年會於 1901 年創辦，是中、西青年會合一的年代，當時統稱為"香港基督教青年會"，行政上分為"華人部"及"西人部"。到 1908 年華人部及西人部分開獨立運作，西人部即現今的港青（YMCA of Hong

---

10　《南華會六十周年會刊》，1970 年。

50 年代位於彌敦道甘肅街口的中國健身會會址（相片最左大廈），
旁邊有白色塔的大廈是平安戲院

攝於 50 年代，中央建築物是加士居道與彌敦道交界的循道衛理學
校，後側為南九龍裁判法院

Kong），而華人部亦即現今的中青會（Chinese YMCA of Hong Kong）。2016年是中青會/港青會的 115 週年紀念，兩個團體除基督教事工以外，在戰後初期的社會服務及體育發展貢獻良多。中青及西青會亦是戰後香港業餘田徑的創會會員，在長跑方面，最廣為人知的是中青會和中國健身會舉辦了 20 屆元旦國際長途賽跑和 10 屆攀登獅子山比賽，對促進市民強身健體，參與長跑活動，擔當了重要的角色。

現把各屆香港國際元旦長跑的精彩片段節錄如下。

第一屆 22/01/1947，這天剛好是農曆新年，市面洋溢一番新氣象。槍聲一響，28 位中西健兒爭先跑出（原參加報名共 47 人），從南九龍裁判法院（當年亦稱九龍巡理府）前的油麻地加士居道起跑點出發，直奔彌敦道，向尖沙咀方面，跑至半島酒店，然後左轉入梳士巴利道、漆咸道、馬頭圍道、譚公道至九龍車站、轉入太子道，直出彌敦道，回程至加士居道口作為終點。全程約 6.25 英里，約一萬一千餘公尺（見附表三，頁 59）。賽道基本上和戰前聖安德烈教堂舉辦的長跑賽道一樣，不過起點及終點從聖安德烈堂改在普慶戲院外的大廣場及南九龍裁判法院。究其原因首先當然這賽事已經不是聖安德烈教堂主辦，應該是很難商権教堂借用場地。而當時的中國健身會會址剛好就在裁判法院對面平安戲院旁的大廈，因利乘便，選擇在普慶戲院外的廣場及裁判法院作為起點及終點是有其原因的。最後陳朝惠以 41:22.2 奪冠，英籍選手辛克萊落後兩公尺之遙得亞軍，何國強獲季軍。

第二屆 01/01/1948，本屆由中青、中健、居聯和體記（全名為記者體育會）四個團體合辦，參賽者共有 25 人其中兩位是洋人，比賽結果由陳朝惠蟬聯奪冠，成績 40:5，破上屆紀錄。黎秋傑、阮州公分別獲亞、季軍，從第二屆開始，每屆賽事都在元旦舉行。

第三屆由中青、中健、居聯三個團體合辦，參加人數增加至 60 人，其中外籍人士亦增加至 6 人。開跑後，梁溪搶先領前，至紅磡、譚公道時，紐文

1949 年第三屆元旦國際長途賽跑起步情況

1949 年第三屆元旦國際長途賽跑冠軍紐文，途經太子道聖德肋撒堂時的情景

今日的聖德肋撒教堂，經歷差不多七十年教堂仍然屹立至今

1949 年第三屆元旦國際長途賽跑頒獎盛況

1950 年第四屆賽跑冠軍中國奧運代表王正林
（穿運動服者）

跑手在起步後途經彌敦道往尖沙咀方向的一刻，
可見圖中五十年代彌敦道的建築羣，是典型的
兩至三層唐樓

1950 年第四屆賽跑工作人員合照。圖中可見，要舉辦道路長跑比賽，醫療及紀律部隊的支援是不可缺少的

當年組織仍然是很業餘的。觀眾沿途爭相霸佔有利位置觀看比賽。除了跑手們摩肩擦踵搶線位外，更冒着與各項交通工具碰撞的危險。相中可見有公共汽車、自行車至摩托車等同時擠在馬路上行駛，製造不少人車爭道的危險場面

過頭，直至終點，以 38:42.2 獲冠，梁溪和洋籍選手威路士分列亞、季軍，南華會年青跑手陳劍雄以一步之差屈居第四名，連續獲首兩屆冠軍的陳朝惠卻退至第五位矣。

第四屆由中青和中健兩會挑大樑主辦，本屆有兩項特色：（一）參加人數增加至 97 人，並有女子一人參加（1947、1948 年兩屆女子項目由於沒有運動員參加故取消）。女子競賽起點由啟德機場出口經太子道出彌敦道，返回南九龍裁判法院為終點。全程為 2.75 英里。女子組一人梁健文以 22:30 秒跑畢全程；（二）本屆賽事適逢曾參與 1936 年柏林奧運的中國長跑選手王正林特別由滬來港代表南華會出賽。王氏以 35:10 首達終點，並締造大會新紀錄，洋將丹拿屈居亞軍。

第五屆中青和中健合辦，報名人數達 115 人，外籍人士 25 名，女子組亦有 5 人報名。陸軍跑手彼得・威廉士（Peter Williams）首次參加公路賽以 35:20 名列前茅。英籍跑手士疏取亞軍，梁溪季軍。女子組方面，比賽當天只有四名跑手起步，但皆跑畢全程。冠軍張少馨以 20:28 破大會紀錄，李秀珍、徐金諄分列亞、季軍。

第六屆是開辦以來報名人數最多的一屆，達 189 人（其中洋人有 21 名，女子有 11 名）。賽果仍然由陸軍代表彼得・威廉士蟬聯冠軍並創下新紀錄 33:27.1，前九名的跑手皆是外籍人士。南華代表李錦鴻居第十名。女子組則由張少馨蟬聯，亞軍為梁慕儀。除了首兩名女賽手均破大會紀錄外，其他 9 位女賽者都能跑畢全程。

第七屆參賽者人數回落至 169 人，出賽者只得 153 人。考其原因，可以歸咎於調整了賽道。仍然由加士居道起跑，但以往由太子道末段跑入彌敦道，是屆由水渠道轉入，賽道的長度比歷屆約減少了 180 碼。賽會為避免道路阻塞，決定取消辦了三年的女子組比賽，這是最可惜的。是屆由陸軍彼得・威廉士以 32:48 三度蟬聯冠軍，南華代表陳景賢獲得亞軍，外籍選手麥美幹屈居第三名。

1955 年第九屆長途賽跑，第一名諾曼（空軍，左），第二名史密夫（陸軍，右）且跑且談狀態甚輕鬆，他們已經拋開第三名陳景賢（南華）有一段很長的距離，連出現在鏡頭前的機會都沒有了

50 年代在巡理府前跑手起步前合照，九龍巡理府清晰可見。九龍巡理府建於 1936 年，建築物樓高三層，底層由花崗石砌成，二樓及三樓的外牆有多條希臘愛奧尼柱式大石柱，是典型殖民地式建築物。圖右為現今的巡理府，已改為土地審裁處辦公之用。從第十屆開始跑手已無緣在九龍裁判處前拍照留念了

現址已為土地審裁處

第八屆陸軍彼得‧威廉士調防離港，南華代表陳景賢以 36:34.8 成績獲錦標。外籍跑手愛頓和南華選手李錦鴻分獲亞、季軍。

第九屆的參加人數達 124 人，空軍代表諾曼（Norman）以 34:59.4 跑畢全程，陸軍史密夫落後十餘碼得亞軍，一向缺乏後勁的陳景賢屈居季軍。

從第十屆開始賽事遷往九龍城，馬頭涌道，聖三一中學前廣場舉行，全程比上屆短了百多碼。轉賽道的原因可能是加士居道與彌敦道交界處的交通已非常繁忙，不適合作為起點及結束的集散地。聖三一堂是香港聖公會東九龍教區的主教座堂，也是香港聖公會在九龍半島的首間華人聖堂，位於九龍城馬頭涌道與太子道交界，是元旦國際長跑必經的路線，而座堂旁有一個很大的廣場，正正適合作為長跑比賽的起點及終點。

1960 年代的馬頭涌道，相中富中國色彩的建築物是聖三一堂，旁邊設有廣場，圖中央為宋王臺公園，令人有發思古之情

今天的馬頭涌道，左下方是聖三一堂，旁邊的廣場已變成亞皆老街足球場。右下方為興建中的沙中線土瓜灣站

聖三一座堂至今仍然屹立，已列為香港二級歷史建築

朱福勝先生（前排右一蹲着者）和公民體育會的田徑隊隊員

第十屆賽跑冠軍諾曼最後衝線的情形

1957 年第十一屆長跑賽，陳鴻文和區忠盛在賽途中爭持，沒有車隊開路或護跑，反之無論大小街車都可在跑手旁左右穿梭的景象卻常常出現，險象環生

陳鴻文接受冠軍獎。背景人山人海，場面非常哄動。主席台以竹棚蓋搭，非常簡陋，顯出當年的組織仍然很臨時

第十屆參加人數有 120 人，完成賽事只有 90 人，其中 12 位是洋人。新路線全程約 7.25 英里，外籍跑手諾曼蟬聯冠軍，亞軍是史密夫，第三名是天廚代表曹少賓。天廚味精長跑隊由田徑名宿朱福勝先生組成。朱福勝是撐竿跳名將，在內地享負盛名，來港後在天廚味精工作，成立了天廚味精長跑隊。後來他又促成了公民體育會，他的有教無類精神對香港田徑發展貢獻良多。

第十一屆仍然在九龍城碼頭通道，聖三一中學門前舉行，報名人數有 170 人，出發時有 155 人，加上德明中學銀樂隊助慶，氣氛非常熱鬧。今屆是全華人跑手爭持，南華陳鴻文以 33:56 首先跑畢全程，南華區忠盛隨後約百碼，得次名，時間為 34:05.7，季軍是天廚曹少賓，陳景賢獲殿軍，跑畢全程者共 152 人。

第十二屆參加人數首次破 210 大關，報到的有 201 人，但完成只有 192 人，洋人巴尼士（Bernice）以 33:15 獲冠軍。

第十三屆參加人數維持在 203 人，完成賽事有 187 人，冠軍為海軍洋將卜美度士（Macdell），成績 30:56。今屆跑道改在蕪湖街紅磡兒童遊樂場作為起點，沿漆咸道、馬頭圍道轉入太子道入水渠道，出彌敦道向尖沙咀方向至半島酒店，然後轉返漆咸道蕪湖街紅磡兒童遊樂場，全程約 7.25 公里。

第十四屆由中青和中健合辦，參加人數為 150 人，完成人數為 137 人，南華陳鴻文以 33:24.8 奪冠。路程由聖三一堂前入太子道、水渠道出彌敦道，馬頭圍道轉入太子道再入水渠道、出彌敦道向尖沙咀方向至半島酒店轉返馬頭涌道，全程約 7.25 公里。

第十五屆起，中健會接手主辦這項元旦長跑賽事，參加人數為 124 人，完成人數為 114 人，南華陳鴻文以 36:26 奪冠。賽道由亞皆老街足球場前開始，入太子道轉荔枝角道，至上海街再轉入廣東道至半島酒店，轉返漆咸道、馬頭圍道至馬頭涌道，全程約 7.25 公里。

第十六屆參與人數為 117 人，最後 103 人完成賽事，南華陳鴻文以 33:36.3 連續三年奪得冠軍。路線大致與上屆相同。

第十七屆參加人數為 92 人，完成人數為 86 人，陳鴻文以 36:9 再度蟬聯冠軍。

賽道由界限街花墟足球場起步，出彌敦道向尖沙咀方向，跑至半島酒店轉返漆咸道、馬頭圍道、馬頭涌道、亞皆老街，露明道右轉傑德道，返回界限街花墟球場作終點。

第十八屆改回由聖三一堂前出發，入太子道、水渠道出彌敦道，向尖沙咀方向跑至半島酒店再轉返漆咸道、譚公道、馬頭涌道，全程約 7.25 公里。最後由劉大彰以 33:31.5 奪得冠軍。

第十九屆參加人數為 180 人，完成人數為 164 人，由劉大彰以 32:35.5 蟬聯，路線大致與上屆相同。

第二十屆參加人數為 186 人，完成人數為 167 人，洋將派利以 33:40.6 掄元，路線則因彌敦道修路而臨時改道。

第二十一屆參加人數為 218 人，完成人數為 175 人，由陳顯慈以 33:42.8 奪桂。

第二十二屆參加人數為 157 人，完成人數為 117 人，由黃煒賢以 33:53.8 奪得冠軍。

第二十三屆參加人數為 208 人，當中包括 22 位洋將。今屆路程由聖三一堂前出發，馬頭涌道轉入亞皆老街，沿窩打老道轉出彌敦道，加士居道入公主道轉漆咸道返回馬頭涌道，基本上跑手能經過的彌敦道路段只限於從窩打老道至加士居道那大約 0.55 公里的一小段了。洋將加厘士以 21:17.3 奪得冠軍。

從第十屆到第二十三屆的賽道安排，可見賽會希望跑手能經過九龍半島最繁華的彌敦道路段，但到了 70 年代彌敦道的交通的確非常繁忙，要申請在彌敦道舉行長途賽跑所遇到的困難及壓力非常龐大，結果從第 24 屆開始，元旦國際長途賽跑已在彌敦道上絕跡了。

1960 年代，政府為連接觀塘工業區及葵涌貨櫃碼頭，沿着九龍羣山的山腰興建新路，繞過已發展的地區，石硤尾大窩坪以東命名為龍翔道，石硤尾以西為呈祥道。龍翔道及呈祥道分別於 1961 年及 1966 年建成通車。這兩條公路正好讓賽會規劃能否繼續在九龍半島作長跑賽事。所以第二十四屆路程改由聖三一堂前出發轉入亞皆老街，沿窩打老道右上龍翔道，入大埔道上呈祥道，蝴蝶谷道入青山道，南昌街直出長沙灣道入界限街，經露明道、亞皆老街返回聖三一堂，全程約 9.5 英里。參加人數為 168 人，完成人數為 140 人。澳洲青年跑手利仁以 48:10.6 掄元。

因應新的賽道使用了龍翔道及呈祥道，而聖三一堂前的亞皆老街及窩打老道交通日益繁忙，賽會有需要迫切考慮能否再以亞皆老街足球場作起點及終點。適逢九龍仔公園在 1964 年建成，賽會順理成章將賽事改在九龍仔公園作為起點及終點。第二十五屆的新路程由九龍仔公園出發進入延文禮士道，右轉入衙前圍道，經喇沙利道，入窩打老道，右上龍翔道，經大埔道、呈祥道，蝴蝶谷道入青山道，經南昌右轉長沙灣道入界限街，再到喇沙利道、衙前圍道返回九龍仔公園，全程約 9.8 英里。是屆，賽會將賽事分為高級 (成年) 及初級 (青年) 組別，參加人數為 124 人，完成人數為 104 人。由黃煒賢以 48:6 及何士達以 46:31.7 分別奪得高級組及初級組冠軍。

第二十六屆參加人數為 211 人，完成人數為 176 人，由陳國輝以 47:09.5 及吉信以 43:53.2 分別奪得初級組及高級組冠軍。

第二十七屆參加人數為 300 人，完成人數為 176 人。由郝春友及吉信分別奪得初級組及高級組冠軍。路程因蝴蝶谷山泥傾瀉而改道。

第二十八屆參加人數為 297 人 (初級組 247、高級組 50)。由蘇灼榮及洋將沙奇分別奪得初級組及高級組冠軍。

第二十九屆參加人數為 309 人 (初級組 241、高級組 68)。由郝春友及荷路分別奪得初級組及高級組冠軍。

第三十屆參加人數為 314 人，完成人數為 258 人。由潘志華以 34:11.6 及荷路 31:44 分別奪得初級組及高級組冠軍。

第三十一屆參加人數為成人組 121 人，青年組 188 人，當中有 7 名洋籍

六十年代正在興建的九龍仔公園，前方為九龍仔泳池，遠方為九龍仔運動場（箭咀所示是當時元旦長跑終點處）

今天的九龍仔公園小徑（往日元旦國際長跑終點前約一百米斜路）

跑手，成人組冠軍為洋將波路士 29:28，青年組冠軍為洋將尼路士 30:15.3 奪得。

　　第三十一屆即 1977 年之後，元旦國際長跑已不再由中國健身會主辦，改由九龍城民政區青年運動聯會及獅子山獅子會統籌主辦。

70 年代初期九龍塘的俯瞰圖，（1）九龍仔公園、（2）窩打老道、（3）龍翔道

第二十九屆頒獎禮。圖中後排左三為中國健身會的朱叔達先生，是歷屆元旦長跑的主要負責人。前排左起為成人組季軍馮國棟、青年組亞軍蘇灼榮、青年組冠軍郝春友、成人組冠軍荷路、成人組亞軍冼安源、青年組季軍楊世模

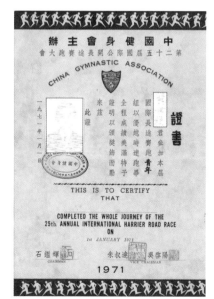

每名跑畢全程的跑手都獲大會頒贈一張附相片及真筆書寫名字的跑畢全程證書，對很多跑手來說，已是彌足珍貴了

1957 年攀登獅子山比賽，運動員從歌和老街轉左入窩打老道直奔獅子山（《工商晚報》，1957 年 4 月 7 日）

三位南華會得獎健兒陳鴻文（冠軍）、區忠盛（亞軍）和黃清和（季軍）領獎後攝於獅子山下

攀登獅子山比賽（1941-1975）

　　獅子山是香港的獨特地標，加上由香港電台在七、八十年代播出家傳戶曉的《獅子山下》電視劇，由羅文唱出該劇集的主題曲，簡直把該曲調變成香港精神。因此，一向愛接受挑戰的運動員對每年舉辦的華人攀登獅子山的競步賽都趨之若鶩。據 1941 年《大公報》的記載，第一屆比賽是為該年慶祝第二次世界大戰結束的首屆雙十國慶而設，由港九居聯會主辦，全程 1,700 米，參加人數有 84 人，非常踴躍，完成的跑手則有 37 位。由歌和老街巴士總站作為起點，抵達終點只有 37 人，根據紀錄記載是由羅雯素以 24:4 獲冠軍。

　　戰後的 1949 年、1951 年及 1952 年，轉由中健體育會、公健居聯會和中青合辦，仍於每年三月舉行，冠軍是梁溪，以 14:10 跑畢全程。其後兩屆都由梁溪以 13:00 及 15:10 蟬聯冠軍。以第三屆的 177 人報名人數最多。跑的長度伸展至男子 2,250 米和女子 1,100 米，是為歷屆最長。

除了 1953 年由九龍街坊福利會主辦那一屆之外，1954 至 1955 年都由中青辦理，1956 年至 1960 年五屆則由中青和中健合辦，自此至 1975 年第 11 屆都由中健會獨家主辦。在 1977 年由香港獅子山獅子會和 1980 年由九龍民正區青年運動聯會分別各舉行一屆。六七暴動後，政府全力推動青年運動，鼓勵地區的民間組織主辦各式運動，並在民政署和市政局的名義下舉行。（見附表四，頁 66）。

當年的攀登獅子山比賽可能比現在的毅行者的山路賽道還要崎嶇，根據五屆冠軍陳鴻文先生憶述當年的獅子山路，路線不僅迂迴曲折，上山之路亦沒有固定路線，跑手都自行選擇最快到頂的路線。自從獅子山隧道於 1969 年啟用後，從窩打老道上獅子山之路已不復再了！

其實當年除了在九龍半島有攀登獅子山比賽外，港島在 70 年代初亦有舉辦攀登太平山山頂比賽，路線是從香港動植物公園起步，由舊山頂道直上山頂柯士甸道公園，全程大約 2.2 公里。因舉辦次數不多，不在此細表了。

警察體育會主辦的六十三屆寶文盃（1952 至今）

要說歷史悠久及連續性最長的香港賽跑賽事，相信應該是警察體育會（Police Athletic Club）舉辦的寶文盃長途賽跑。警察體育會為倡導長跑運動，於 1952 年開始舉辦每年一度的全港長途賽跑，定名為寶文盃以紀念寶文總督察在本港警察總部服務的功績及其對長跑作出的巨大貢獻。每年除了警務人員之外，後備警察（現稱輔警）及在警署內服務的文職人員都可參加。第一屆賽道是從尖沙咀中間道出發，經漆咸道、馬頭圍道、教堂道（今天光道）、亞皆老街、花園街一直至警察會球場為終點，全長約為 7.2 公里。

後來於 1960 年賽道改在新界，由沙頭角警署跑至粉嶺警察總部，全長 9.7 公里。第三次改路，賽道搬至西貢大壩上的警署，而終點在西貢警署，全長 12 公里。自從 1980 年後期，跑線改在八仙嶺的山麓作起點至萬宜水庫，

賽文盃賽者在新界沙頭角公路上奔馳的盛況

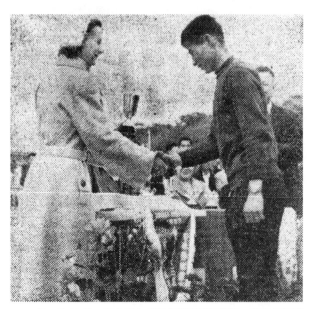

1957 年 2 月 27 日，賽文盃在界限街警察球場頒獎，警員長途賽
冠軍吳慶智（新界區）領獎，由麥士維處長夫人頒發。該屆參加人
數達 150 人，130 人跑畢全程。（《華僑日報》）

最後終點為北潭涌，全長 12 公里作結。

除了跑道改變之外，寶文盃賽事一直維持了達 63 年之久，而不衰。在早期的比賽，每年大約有 100 至 200 人參加，但在 80 年代賽事變得更具吸引力，除了競賽性質外，長跑已經普遍接受為一項強身健體的休閒活動。2003年，寶文盃的五十週年慶典之際，竟有超過 2,550 人參加，是歷屆第二最高的參加人數。

最近，參加人數仍經常維持在 2,000 人的水平，包括大部分警務退休人士。這是香港最具吸引力的長跑賽事。

為了招羅更多參賽者的，組委會努力安排交通工具，遠赴各指定交通點去接載出發的選手，更準備冷熱飲品給不同年齡的參賽者。從 2000 年度開始，長跑者都獲得參賽證明書。為方便起見，電子參賽證明書已在 2015 年出爐。歷年來賽事委員會都栽培了不少具潛質的運動員，例如：賴學恩是位員佐級警長，2011 年他跑獲高級組第九名，是該屆第一位抵達終點的本地運動員。女子組李燕冰為警務處文員，勇奪第三名女子一級半馬拉松獎。同年在團隊賽中，警隊更獲紀律部隊團體盃賽第二名。

除了田總的協助外，寶文盃更獲得各界別支持，例如：香港警察隊員佐級協會、聖約翰救傷隊、醫療輔助隊、香港足球裁判會、香港警察攝影會、香港警察單車會、香港少年領袖團、香港警察學院及警察機動步隊等協助組織，令每屆的賽事安排得以順利完成。寶文盃歡迎其他制服人員組織參加，令警察體育會能糾合全港紀律部隊人士，悉力以赴去完成長跑運動的使命，實在難能可貴。

五、香港業餘田徑總會大力推動長跑運動

九龍城開跑的十英里長跑（1952-1966）

前文敍述二戰重光後香港社會正待復興，並未有甚麼正式的田徑比賽，當時只有三數個民間團體自發地舉辦田徑活動，如南華體育會、英軍、香港大學學生體育會等，各自進行一些非正式的田徑賽事。1951年一羣熱心的田徑運動愛好者聚首一堂，倡議籌組田徑會及制訂會章，當時的成員包括南華會的梁兆綿、W.E.Tingle、朱福勝、李惠和、余啟恩、Rev.Bro.Cronan、F.J.Tingay、W.B.Golding 和 N.H.Phillips 等人。同年，香港業餘田徑總會（Hong Kong Amateur Track & Field Association）成立，由教育司署體育總監吳禮漢出任會長，陳榮柏（南華）任副會長，萬貴理（華仁）任主席。首屆屬會有南華會、陸軍、中青會、域多利遊樂會、聖約瑟足球會、九龍田徑會、海軍、空軍、西青會、香港學界體育協會和香港大學田徑會。

為鼓勵馬路長跑，田徑總會領先於 1952 年推出 10 英里長跑賽計劃。這可説是當時本港長跑競賽最長距離的一個項目。當時香港仍是一個人口不足 175 萬的城市，在靜中帶旺的九龍城一帶作為賽道是理想的選擇。經過多方面商討，最後終於決定以九龍城英皇佐治五世學校前天光道路口作為起跑點，隨後出馬頭圍道轉入太子道，至太子道中段的天主教堂，左轉入窩打老道至亞皆老街，上教堂道回到天光道起點作為首圈。按此路線連續跑四圈。當到最後一圈時，運動員要再繼續向前跑上教堂道斜坡後，即右轉入英皇佐治五世學校正門作為決勝點。全程為 10 英里（約為 16,093 米）。

現把各屆精彩片段節錄如下：

首屆 03/02/1952，跑手只有 28 名參加，陸軍跑手彼得·威廉士開賽後脫穎而出，以 56:33.8 奪標，第二、三名都是陸軍選手史塔別令，威廉士先後趕至，分列為亞、季軍。華人選手陳景賢屈居殿軍。第七名是梁溪，第十名是

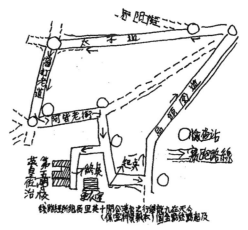

十英里跑路線圖

黃錦森。只有 26 名選手走畢全程。總括而言，此項新長跑賽事中華人仍然稍遜於洋將。

第二屆 09/11/1952，參加人數略有增加，共 37 人。陸軍選手彼得威廉士捲土重來，以 56:25.38 跑出新紀錄。陳景賢落後約 300 米相繼抵達，獲亞軍，他個人成績比上屆進步，後至的海軍選手史馬富獲季軍。華將馮炳楷、陳劍雄，分別獲得第五、六名。

第三屆 11/1953，參加人數增加至 49 名，但能跑畢全程的只有 36 人。陸軍彼得威廉士在港服役期滿，退出比賽。陳景賢在毫無對手下以 62:11.9 勝出，南華的李錦鴻、陳坤霖（新秀組團隊）分別獲亞、季軍，殿軍是海軍愛典。本屆前十名選手，華籍人數佔五名之多，是今屆最特色之處。另外，除了個人賽之外，賽會還增設了團體組和新秀組別，南華會是該屆隊際冠軍。

第四屆的參加人數達 88 人之多，但只有 64 名參加者跑畢全程。陳景賢以 60:34.9 蟬聯奪標，陳氏本屆締造的成績較他上屆有進步。而洋將鶴建臣與空軍諾曼分奪亞、季軍。南華隊的區忠盛得殿軍，陳劍雄排第六。團體組冠軍是南華隊。

第五屆的參加人數達 64 人，角逐團體賽有七隊，海軍長跑家柏披首次來港參賽，開賽後一馬當先，以 50:38.4 跑畢全程，創大會新猷，比彼得‧威廉士第二屆賽會所創的 56:25 的大會紀錄快五分餘鐘，實屬難能可貴。次名洋將寶治亦破大會紀錄，南華區忠盛獲殿軍。隊際組仍由南華隊蟬聯冠軍。除了半途棄權者，計有 58 位中外長跑健兒跑畢全程。最後抵達終點的是華籍跑手張才，成績 80:4。從整體成績表現而言，今屆是歷屆之首。

其後第六至八屆有關個人或團體的成績、參加人數、賽道、各項紀錄等資料都欠缺，只有以下一些零碎的資料供參考。

第六屆（1957）參加競賽運動員有 56 人，全部 47 人跑畢全程，半途離隊的有 9 人。是屆較為特色的是十英里長跑和兩英里半競步行，雙軌進行，當長跑出發之後，競步者仍留在佐治五世運動場進行比賽。直至長跑選手最後返回校內草場衝線，然後當場頒獎結束該天賽事。海軍柏披實力雄厚，由始至終領先，以 49:18.4 跑畢全程，創全港新紀錄並蟬聯冠軍。亞軍陸軍屆特，季軍南華陳鴻文，殿軍曹少賓（天廚），第五劉大彰（南華），第六陳景賢。隊際組南華甲隊四度蟬聯，陸軍、天廚兩隊分取亞、季軍。新秀組由曹少賓和劉大彰分取冠、亞軍。

第九屆（1959）只有報道陳鴻文是當屆冠軍。

第十屆（16/12/1963）據當日《華僑日報》的報道，出發前報到的只有 19 人，比賽結果前五名清一色為啹喀兵團的成員。郭景文（天廚）和周澄（南華）分列第六、七名。

最後根據 1966 年 2 月 23 日的《華僑日報》報道，第十一屆比賽當日進行期間突然發生交通意外，計時出錯，結果賽果取消。從此十英里長跑這項目亦隨此消失在田總每年活動的年曆上。

第四屆十英里長跑賽冠軍陳景賢抵達終點，備受觀眾熱烈鼓掌歡迎（《華僑日報》，1954 年 11 月 29 日）

田總主席李雷先生（右一）陪伴以連獲五屆全港最佳女運動員的彭伍雪葵女士（右二）出席，並作為大會嘉賓

南華長跑隊 AB 二隊及田徑部的領導於頒獎後，攝於英皇佐治五世學校。作者之一彭沖為前排左一

國際三萬公尺長跑賽（1957、1959）

1957年，香港首次舉辦國際長跑賽事，比賽距離為三萬公尺。在銅鑼灣加路連山道的南華運動場舉行。該運動場在1954年才正式開幕。是次比賽能夠順利舉行應歸功於會當年田總會長陳昌南和主席梁兆綿，因為當時一切經費開支和選手隊伍成員的來回機票都由陳會長私人負責。他們兩位都是南華會的首腦人物，所以也順理成章在南華會的場地舉辦。被邀請來港參加此次比賽的隊伍包括以下的日本、韓國和香港選手：

日本：布上正之、中田豐七
韓國：林鐘禹、韓昇哲、李相
香港：陳鴻文、曹少賓、區忠盛

雖然在春雨綿綿之下舉行，中外觀眾卻沒有因為氣溫突然下降而卻步臨場。反之，更得到日、韓兩國駐港領事和居港日韓僑胞組織啦啦隊來捧場，加山呈現了一片罕見的熱鬧場面。比賽於晚上八時在球場泛光燈下進行，韓國跑手林鐘禹竟以優越成績締 1:39:6 奪冠，他的同袍韓昇哲成績 1:39:34 獲亞軍，亦屬佳績，兩人的成績均超越當年國際三萬公尺的第四名最佳紀錄，可算是今次賽會最佳收穫。拍披是英國海軍，曾獲全英馬拉松第七名，於 1956 來港，是香港最佳的跑手。是次比賽他竭盡所能，最後以 1:39:52 力壓日本布上正之獲第三名，替主辦者的香港爭一口氣。日本主將中田豐七原是大熱門，竟屈居第六位，是意料之外。陳鴻文以 1:58:17 排名第七席，曹少賓以 1:58:17 名例第八席，最後區忠盛以 2:15:43 跑畢全程。

1959年，第二屆國際三萬公尺長跑賽仍然在港舉行。參加的單位有香港、台灣和日本。由於受天雨影響選手成績平平，結果日本選手拔冠。由於經濟問題，國際三萬公尺邀請賽只舉辦了兩屆。

拍披在南華會田徑場與日本及韓國跑手你追我逐的情況

第一屆賽事中，林鐘禹一馬當先抵達終點

1959 年第二屆國際三萬公尺邀請賽賽事紀念冊

1957 年香港初辦國際三萬公尺長跑賽後，田徑總會會長負責人及運動員於頒獎後攝於南華球場內。後排由左至右：田徑總會會長陳南昌先生、何覲爵士、麥格里哥夫人、冠軍林鐘禹（韓國）、亞軍韓昇哲（韓國）、季軍拍披（香港）、何覲夫人、麥格里哥海軍司令。前排由左至右：田徑總會主席梁兆綿先生、兩位田總秘書黃少偉先生及拍披太太

香港環島接力賽跑（1959-1964）

香港業餘田徑總會除舉辦了場地單項田徑賽之外，亦不遺餘力舉行團體接力賽項目去推動長跑。通常這項目是雙軌式進行的：即是環島接力在南華會運動場或政府球場起步之後，場內亦同時舉行各單項的田徑賽項目，以維持場內觀眾的興趣去等待一段差不多長達 27.5 英里長的賽程接近完成，即約兩小時之後選手才跑回到球場作終點賽的高潮。在 50 年代，田總開始引入名牌冠名贊助的比賽，如跟依度錶合辦了環島 "依度盃" 賽，而跑程上會經過港島南，可以看到香港的自然風光，回程又會經過繁盛的中環和灣仔，可宣傳香港的旅遊景點，是當時一個有相當吸引力的本地長跑賽事。這項宣傳計劃由 1959 年至 1964 年實行，是當年田總最成功的第一個既有商業贊助，亦可宣傳香港的運動項目。

參加隊伍有南華會 A、B 兩隊、天廚味精（公民體育會的前身）、西青會、英國駐港的陸軍隊 "啹喀兵團" A、B 兩隊，共六隊參加比賽。環島接力賽除了冠軍隊獲得一團體大獎盃之外，冠軍隊的六位接力選手亦各獲得依度

由前香港小姐吳丹鳳頒發"依度盃"給第一屆1959年環島接力賽的南華會冠軍隊，由陳鴻文代表接受

第二屆全港公開環島接力賽跑的起點和終點都在當年香港政府大球場，圖為南華陳鴻文抵達終點的一刹

第二屆 1961 年環島賽跑後，南華會長跑冠軍隊與各領導在賽後攝於香港
政府大球場

錶一隻以茲獎勵。全程賽道約 27.5 英里共分六個交接處：由南華會運動場作
起點，經東院道、摩頓台出高士威道，向東行英皇道、筲箕灣道，上柴灣道
至慈幼中學校門前位置，為第一棒交接站。第二棒繼續由柴灣上斜路入大潭
道水壩中間位置為交接處，然後第三棒沿大潭水塘出香島道經深水灣入黃竹
坑至黃竹坑工業學校門前，為另一交接處。第四棒開始回程，沿域多利道經
堅尼地城海旁至干諾道西屈地街電車總站為交接點。最後尾棒沿干諾道西入
金鐘道，轉出軍器廠街出夏愨道、高士打道入波斯富街、禮頓道、沿加路連
山進入南華體育會運動場，最後繞場一周，作最後衝線。結束了這項長跑環
島接力賽事。

小　結

　　清朝末年因貿易關係，西方以砲船政策轟開中國大門，從此西洋文化湧
入中國，西洋體育的概念也因此進入中國。從此香港體育在殖民地制度下的
英式公立學校和教會學校制度中發展。戰後元旦長跑運動首先由民間活動演
變成全港每年一度的賀歲環節。經歷五十和六十年代，正好遇上內地政治變
化，韓戰爆發，禁運開始，內地新移民大量來港，本地人口由原來 175 萬升

第一屆依度盃南華會獲冠軍的雄姿。前排運動員由左至右為陳劍雄、陳鴻文、黃清和、區忠盛、周澄、譚樵。南華會連奪四屆錦標賽，獲得該獎盃永久保留權，該盃現仍存在南華會內永留誌念

第六屆後，1964 年依度盃結束它推動長跑的任務

至 1956 年的 230 萬，本來依賴轉口業的香港亦搖身一變，成為製造業中心。1970 年初，本地人口已經達到 300 萬。從人口問題衍生出房屋、交通等問題，常引致人車爭路，倘有意外發生，問題更加複雜，所以政府跨部門的工作開始介入。

香港道路長跑比賽由戰前跑在港島及九龍半島最繁盛的街道，逐漸退縮至遠離市區的街道上去了。但新道路的擴建亦為主辦單位提供可持續進行道路長跑賽事的路線。長跑者最受害影響的，莫過於賽道的經常改變，由 1949 年至 1959 年，每兩至三年便改道一次，1960 年起更差不多每年都在改道，令主辦者和參賽者無所適從。參賽人數亦因此不穩定，平均參賽人數在 100 人，最低是 78 人（1964 年），最高則有 300 人（1976 年）。

1967 年香港發生暴動之後，政府認為香港青年缺乏適當關顧，尤其是在文化體育方面。於是，市政局大力推動建設公園和運動場，以配合區內文化和體育的活動，並逐漸下放有關訊息至十八區區議會，各區文娛和體育活動從此活躍起來。九龍區有先天舉辦長跑比賽的背景，加上地理上有九龍仔公園運動場於 1964 年開放的優勢，令元旦長跑和登獅子山賽跑比賽可以維持達三十年之久。現役或先進的運動員對於中國健身會及中青會組織獅子山和元旦長跑的貢獻都永誌不忘，尤其難得的是當時缺乏任何商業資助，所有開支都有賴社會賢達慷慨支持。

作為此章總結，最重要一環是香港的長跑運動由街童式的跑步方式，演變成有組織性的長跑。至於香港長跑比賽由起初的數英里路程進展到全程馬拉松，其後更演進至全城皆動的七萬人參與的馬拉松長跑運動，令香港躋身國際馬拉松城市跑的行列。

附表一

1910 年代至戰前體育總會及教會舉辦的港島長跑賽事

賽事	年份	主辦	人數	賽道	資料
1910 Broke 盃挑戰馬拉松跑	1910 年	香港業餘田徑總會	20 人報名 (15 人出賽) 冠軍：盧深 (Rosam) 時間：33 分	鵝巴甸船塢經薄扶林道及堅道至中環香港木球會 (約 6 英里)	《南華早報》 1910 年 1 月 8 日 1910 年 1 月 22 日 1910 年 1 月 24 日
香港馬拉松跑	1918 年	香港後備警察 *	56 人報名，50 人出賽 (33 名印巴籍警察、7 名歐洲士兵、4 名海軍及 6 名其他人士，當中包括一名華人) 冠軍：印巴籍警察 Naik Rannia Khan 時間：76 分 47.5 秒	從皇后像廣場出發，沿海旁香港會經梅利道往皇后大道東，依著電車線一直到筲箕灣以後，調頭從同一方向回到皇后廣場 (約 12 英里)	《南華早報》 1918 年 4 月 22 日 1918 年 4 月 18 日
1920 年長途賽跑	1920 年	香港西洋拳擊總會	143 人報名 (85 人出賽) 3 名華人報名 (沒有出賽) 1 名日人 冠軍：Sepoy Teja Singh 時間：71 分 4/5 秒	在皇后像廣場起步經過香港會所，經法院上花園道經過港督府，沿堅道香港大學經薄扶林道去銀禧道 (現域多利道)，沿銀禧道到堅尼地城然後沿海旁回到香港會所為終點 (11 英里)	《香港華字日報》 1920 年 1 月 31 日 1920 年 2 月 4 日 《南華早報》 1920 年 2 月 23 日 1920 年 1 月 17 日
攀登大平山比賽	1923 年	域多利遊樂會	23 人報名 冠軍：梁容聯 時間：57 分	薄扶林道警署起步，經薄扶林道上山頂纜車站，到山頂後，經賣吉道、種植道、馬己仙峽道、賣雲道、黃泥涌峽道回到黃泥涌峽道的香港足球會	《南華早報》 1923 年 4 月 23 日

賽事	年份	主辦	人數	賽道	資料
攀登太平山比賽	1924 年	域多利遊樂會	8 人報名 冠軍：Lt Armstrong 時間：45 分	薄扶林道警署起步，經薄扶林道上山頂纜車站，到山頂後不入賽吉道，改署山頂道，司徒拔道經摩利臣山峽道往跑馬地黃泥涌峽道的香港足球會	《南華早報》 1924 年 4 月 28 日
聖彼得盃第一屆馬拉松跑	1928 年	聖彼得堂青年男子會（St Peter's Church Young Men's Club）	65 人出賽 冠軍：Tiernan（大亞閣） 時間：53 分	列堤頓道香港大學宿舍入口起，經柏道上羅便臣道，經干德道上薄扶林道，沿般咸道到牛奶公司後落山至銀禧道，沿摩星嶺道右轉入摩星嶺道上至薄扶林道，沿般含道直至英皇書院為終點（10 英里）	《南華早報》 1928 年 4 月 23 日
聖彼得盃第二屆馬拉松跑	1929 年	聖彼得堂青年男子會	103 人報名 冠軍：Katar Singh 時間：51 分 33.8 秒		《南華早報》 1929 年 3 月 18 日
聖彼得盃第三屆馬拉松跑	1930 年	聖彼得堂青年男子會	62 人報名（49 出賽） 冠軍：Bugler White 時間：48 分 15.2 秒		《南華早報》 1930 年 2 月 17 日

* 1914 年第一次世界大戰爆發，不少歐籍警察離開香港，回國效力。為了維持治安，警隊在 1915 年 2 月成立了特別後備警察，由一位狀師近指揮。他被委任為助理後備警察總監，後更升為副總監。這支隊伍由英籍、葡籍、印籍及華籍成員組成，並有槍械、摩托車隊和騎警隊。到了 1961 年，這隊伍人員已增至 642 名。

九龍聖安德烈堂舉辦九龍長途賽跑 1921-1941

賽事	年份	主辦	人數	賽道	資料
九龍長途賽跑（第一屆）	1921 年	九龍聖安德烈堂	36 人報名 冠軍：九龍船塢 Mair 時間：30 分 32 秒	彌敦道九龍聖安德烈教堂→窩打老道→譚公道→漆咸道→梳利士巴利道→轉彌敦道九龍聖安德烈堂（6.5 英里）	《南華早報》 1921 年 2 月 11 日
	1922 年			沒有比賽	
第二屆	1923 年	九龍聖安德烈堂	14 人報名 冠軍：V.C Bell 時間：35 分 27 秒		《南華早報》 1923 年 2 月 27 日
第三屆	1924 年	九龍聖安德烈堂	18 人報名（13 出賽） 冠軍：Capt Armstrong 時間：35 分 40 秒		《南華早報》 1924 年 2 月 29 日
第四屆	1925 年	九龍聖安德烈堂	24 人報名（18 出賽） 冠軍：Haman 時間：35 分		《南華早報》 1925 年 3 月 3 日
第五屆	1926 年	九龍聖安德烈堂	32 人報名（22 人出賽，20 人完成賽事） 冠軍：Hobden 時間：34 分 54 秒		《南華早報》 1926 年 2 月 24 日 《南華早報》 1926 年 3 月 2 日
第六屆	1927 年	九龍聖安德烈堂	90 人報名 冠軍：Cranston 時間：34 分 11.5 秒		《南華早報》 1927 年 3 月 4 日 1928 年 3 月 6 日

賽事	年份	主辦	人數	賽道	資料
第七屆	1928年	九龍聖安德烈堂	44人報名 (35出賽) 冠軍：大亞閉 時間：34分13秒		《香港工商日報》1928年3月7日 《南華早報》1928年3月6日
第八屆	1929年	九龍聖安德烈堂	63人報名 冠軍：Baulch 時間：33分50秒		《南華早報》1929年3月5日
第九屆	1930年	九龍聖安德烈堂	冠軍：Bugler White 時間：33分25秒		《南華早報》1931年3月10日
第十屆	1931年	九龍聖安德烈堂	36人報名 (27人出賽) 冠軍：Palmer 時間：34分36秒		《南華早報》1931年3月10日
第十一屆	1932年	九龍聖安德烈堂	23人出賽 冠軍：Palmer 時間：33分58秒		《南華早報》1932年3月22日
第十二屆	1933年	九龍聖安德烈堂	45人報名 (42人出賽) 冠軍：史密夫 時間：34分35秒		《南華早報》1933年3月21日
第十三屆	1934年 第十三屆	九龍聖安德烈堂	27人出賽 冠軍：史密夫 時間：34分10秒	彌敦道九龍聖安德烈堂 → 譚公道 → 漆咸道 → 高打老道 → 梳利士巴利堂 → 轉彌敦教道九龍聖安德烈堂	《香港工商日報》1934年3月1日
第十四屆	1935年3月18日	九龍聖安德烈堂	冠軍：H Smith 時間：35分10秒		《南華早報》1934年3月19日

賽事	年份	主辦	人數	賽道	資料
第十五屆	1936 年 3 月 17 日	九龍聖安德烈堂	13 人出賽 冠軍：韓頓 時間：33 分 21 秒		《香港工商日報》 1936 年 3 月 17 日 《南華早報》 1936 年 3 月 17 日
第十六屆	1937 年 3 月 30 日	九龍聖安德烈堂	22 人報名 (20 人出賽，17 人完成賽事) 冠軍：韓頓 時間：33 分 53 秒		《南華早報》 1937 年 3 月 31 日
第十七屆	1938 年 3 月 29 日 第 17 屆	九龍聖安德烈堂	35 人報名 (32 人出賽，26 人完成賽事)，全為海陸軍中人及一名英籍大學生 冠軍：Parsons 時間：35 分 43 秒		《香港工商晚報》 1938 年 3 月 27 日 《香港工商日報》 1938 年 3 月 28 日
第十八屆	1939 年 2 月 14 日	九龍聖安德烈堂	36 人報名 (29 人完成賽事) 冠軍：Brown 時間：34 分 57 秒		
第十九屆	1940 年 4 月 3 日	九龍聖安德烈堂	33 人報名 (14 人出賽，10 人完成賽事) 冠軍：Corrigan 時間：36 分 4 秒		《南華早報》 1940 年 3 月 29 日 1940 年 4 月 4 日 1940 年 4 月 6 日
第二十屆	1941 年 3 月 28 日	九龍聖安德烈堂	15 人完成賽事 冠軍：Manson 時間：36 分 45.5 秒		《南華早報》 1941 年 3 月 28 日 1941 年 3 月 29 日

附表二

1930 年代至戰前華人體育組織舉辦的長跑賽事

賽事	年份	主辦	人數	賽道	資料
第一屆全港華人長途賽跑 報名費：3 角	1935 年 3 月 2 日	中南體育會	173 人（男 166 人、女 7 人）127 出賽（女 4 人）114 人跑畢全程 冠（男）：楊華生 35 分 2 秒 冠（女）：伍煥英 48 分 26 秒 2 人受傷	堅道中南會門前 → 亞厘畢道 → 花園道 → 皇后大道東 → 軍器廠街 → 告羅士打道 → 波斯富街 → 軒尼斯道 → 頤和街 → 加路連山道 → 禮頓山道 → 摩利臣道 → 隱道 → 堅尼地道 → 返堅道中南會	《天光報》1935 年 1 月 16 日、3 月 1 日、3 月 3 日 《香港工商日報》1935 年 1 月 30 日、2 月 26 日 《香港華字日報》1935 年 2 月 22 日、2 月 26 日、3 月 1 日、3 月 3 日 《南華早報》1935 年 3 月 4 日
萬米長途環市跑		九龍華人體育會		萬米長途跑	《香港工商日報》1935 年 10 月 24 日
全港華人公開長途賽跑	1937 年 3 月 14 日為第二屆	香港精武體育會	120 人 107 出賽（87 跑畢全程 冠（男）：楊華生 38 分 59 秒 冠（女）：吳任葵 38 分 2 秒	界限街中化中學運動場前出發，沿界限街、太子道、漆咸道、馬頭圍道、譚公道、彌敦道、界限街回文化中學運動場 男子組：13,000 公尺 女子組：8,600 公尺	《香港工商日報》1937 年 1 月 29 日、2 月 5 日、3 月 14 日 《香港工商日報》1937 年 2 月 22 日、3 月 6 日、3 月 11 日
港九僑民第一屆國際長途跑	1940 年 11 月 10 日	居聯	70 人 62 人跑畢全程 冠（男）：李玉峯 39 分 26 秒 冠（女）：廖瑞蘭 28 分 35 秒	普慶戲院側之廣場 → 彌敦道（尖沙咀方向）至半島酒店轉入漆咸道 → 譚公道 → 越過九龍城太子道入彌敦街 → 出彌敦道回普慶戲院廣場（13,527 公尺）	《大公報》1940 年 10 月 15 日 《香港華字日報》1940 年 10 月 15 日 《南華早報》1940 年 11 月 12 日
港九僑民第二屆國際長途賽跑	1941 年 11 月 30 日	居聯	72 人（55 男華人、3 名女華人、英國人 8、印度人 5、葡萄牙人 1）		《香港工商日報》1941 年 10 月 22 日、11 月 28 日、11 月 30 日

附表三

戰後長跑賽事：元旦國際公開長途賽跑 (1947-1977)

賽事	年份	主辦	人數	賽道	資料
港九國際公開長途賽跑	1947年1月22日 農曆新年 第一屆	中健會、中青、居聯	47人 出賽：28人 洋將：3人 冠軍：陳朝惠 42分22.3秒	油麻地彌敦道普慶戲院側為起點→半島酒店→漆咸道→馬頭圍道→譚公道→越過九龍城太子道→彌敦道→普慶戲院側加士居道巡理府為終點 (6.25英里)	《香港工商日報》1946年11月29日、1947年1月26日、1月21日 《南華早報》1947年1月25日
港九國際公開長途賽跑	1948年1月1日 第二屆	中青、中健會、居聯、記者體育會	25人 (洋將：2人) 冠軍：陳朝惠 40分04秒 *女子賽事 1947、1948 年兩屆人數不足，取消	如上	《香港工商日報》1947年12月13日 《香港工商日報》1948年1月3日
港九國際公開長途賽跑	1949年1月1日 第三屆	中青、中健會、居聯	60人 (洋將：6人) 6人不能完成 冠(男)：洋將紐文 38分42.2秒	油麻地彌敦道普慶戲院側為起點→半島酒店→漆咸道→馬頭圍道→譚公道越過九龍城太子道→彌敦道→普慶戲院側加士居道巡理府為終點 (6.25英里) 女子組由啟德機場口為起點→太子道→彌敦道巡理府終點	《華僑日報》1949年1月1日
港九國際公開長途賽跑	1950年1月1日 第四屆	中青、中健會	參加97人 (洋將：7人：女：1人) 冠(男)：王正林 35分11秒 冠(女)：梁健文 22分30秒 (2.75里)	如上	《華僑日報》1950年1月3日 《工商晚報》1950年1月2日

賽事	年份	主辦	人數	賽道	資料
港九國際公開長途賽跑	1951年 第五屆		參加 115 人（洋將：26 人·女：4 人）冠（男）：彼得·威廉士 35 分 20 秒 冠（女）：張少馨 20 分 28.8 秒	如上	《工商晚報》1951 年 1 月 2 日
港九國際公開長途賽跑	1952 年 1 月 1 日 第六屆	中青、中健會	參加 189 人（洋將：21 人·女：11 人）冠（男）：彼得·威廉士 33 分 27.1 秒 冠（女）：張少馨 19 分 10.5 秒	如上	《華僑日報》1951 年 12 月 31 日 《大公報》1952 年 1 月 3 日 《華僑日報》1952 年 1 月 3 日
港九國際公開長途賽跑	1953 年 1 月 1 日 第七屆	中青、中健會	參加 169 人（洋將：14 人）出賽 153 人 4 人不能完成 冠軍：彼得·威廉士 32 分 48 秒	鑑於跑手從太子道入彌敦道路段交通比較混亂，改由太子道入水渠道出彌敦道（少 180 碼）	《華僑日報》1953 年 1 月 3 日
國際公開長途賽跑	1954 年 第八屆	中青、中健會	參加 135 人（洋將：13 人）冠軍：陳景賢 36 分 34.8 秒	如上	《香港工商日報》1954 年 1 月 3 日
國際公開長途賽跑	1955 年 第九屆	中青、中健會	參加 123 人（洋將：11 人）冠軍：諾曼 34 分 59.4 秒	如上	《華僑日報》1955 年 1 月 3 日 《大公報》1955 年 1 月 3 日

賽事	年份	主辦	人數	賽道	資料
國際公開長途賽跑	1956年1月10日 第十屆	中青、中健會	參加120人 完成109人（洋將：12人） 冠軍：陸軍諾曼 33分8.3秒	改在九龍城馬頭涌道聖三一堂學校前廣場舉行（比上屆短了百餘碼） 馬頭涌道→九龍城車站→太子道→水渠道→彌敦道向尖沙咀前進→梳利士巴利道→漆咸道→馬頭圍公道→宋王臺道→馬頭涌道聖三一學校前終點（約6.75英里）	《香港工商日報》1956年1月3日 《華僑日報》1956年1月1日 1955年12月8日
國際公開長途賽跑	1957年1月1日 第11屆	中青、中健會	參加170人；報到155人 完成152人 冠軍：陳鴻文 33分56秒	如上	《華僑日報》1957年1月2日 《大公報》1957年1月3日
國際公開長途賽跑	1958年1月1日 第12屆	中青、中健會	參加210人；報到201人 完成192人 冠軍：巴尼士 33分15秒	如上	《華僑日報》1958年1月3日
國際公開長途賽跑	1959年1月1日 第13屆	中青、中健會	參加202人 報到193人 完成187人 冠軍：卜美度士 30分56秒	蕪湖街紅磡兒童遊樂場起點→沿漆咸道→馬頭圍道→太子道→水渠道→彌敦道向尖沙咀方向跑→半島酒店→漆咸道→蕪湖街紅磡兒童遊樂場（7.25英里）	《華僑日報》1958年12月2日、1959年1月3日
國際公開長途賽跑	1960年1月1日 第14屆	中青、中健會	參加150人 報到147人 完成137人 冠軍：陳鴻文 33分24.8秒	聖三一堂前→太子道→水渠道→彌敦道向尖沙咀方向跑→半島酒店→漆咸道→馬頭圍道馬頭涌道（7.25英里）	《華僑日報》1959年12月24日 1960年1月3日

賽事	年份	主辦	人數	賽道	資料
國際公開長途賽跑	1961 年 1 月 1 日 第 15 屆	中健會	參加 124 人 報到 115 人 完成 114 人 冠軍：陳鴻文 36 分 26 秒	聖三一堂前亞皆老街足球場→大子道→荔枝角道→上海街→廣東道→半島酒店轉返漆咸道→馬頭涌道→馬頭涌道（約 7.25 英里）	《華僑日報》1960 年 12 月 22 日、1961 年 1 月 3 日
國際公開長途賽跑	1962 年 1 月 1 日 第 16 屆	中健會	參加 117 人 報到 105 人 完成 103 人 冠軍：陳鴻文 33 分 36.3 秒	聖三一堂前→太子道→水渠道→彌敦道向尖沙咀方向跑→半島酒店轉返漆咸道→馬頭圍道→馬頭涌道（7.25 英里）	《華僑日報》1961 年 12 月 09 日、1962 年 1 月 3 日
國際公開長途賽跑	1963 年 1 月 6 日 第 17 屆	中健會	參加 92 人 報到 86 人 完成 86 人 冠軍：陳鴻文 36 分 9 秒	界限街花墟足球場→彌敦道向尖沙咀方向跑→半島酒店轉返漆咸道→馬頭圍道→馬頭涌道→露明道右轉→傑德道→界限街花墟足球場	《華僑日報》1960 年 1 月 7 日
國際公開長途賽跑	1964 年 1 月 1 日 第 18 屆	中健會	報到 78 人 冠軍：劉大彰 33 分 31.5 秒	聖三一堂前→太子道→水渠道→彌敦道向尖沙咀方向跑→半島酒店轉返漆咸道→譚公道→馬頭涌道（7.25 英里）	《華僑日報》1964 年 1 月 3 日
國際公開長途賽跑	1965 年 1 月 1 日 第 19 屆	中健會	參加 180 人 報到 172 人 完成 164 人 冠軍：劉大彰 32 分 35.5 秒	同上	《華僑日報》1965 年 1 月 3 日

賽事	年份	主辦	人數	賽道	資料
國際公開長途賽跑	1966年1月1日 第20屆	中健會	參加183人 報到168人 完成167人 冠軍：派利 33分40.6秒	聖三一堂前亞皆老街小型足球場出發，沿太子道修路關係，因彌敦道修路關係，改經西洋菜街由登打士街轉出彌敦道出尖沙咀，經梳利士巴利道，漆咸道轉紅磡馬頭圍道馬頭涌道為終點（7.25英里）	《華僑日報》 1966年1月3日
國際公開長途賽跑	1967年1月1日 第21屆	中健會	參加218人 報到189人 完成175人 冠軍：陳顯慈 33分42.8秒	同上	《大公報》 1967年1月3日
國際公開長途賽跑	1968年1月1日 第22屆	中健會	參加157人 報到131人 完成117人 冠軍：黃煒賢 33分53.8秒		《香港工商日報》 1968年1月3日
國際公開長途賽跑	1969年1月1日 第23屆	中健會	參加208人(洋將：22人) 冠軍：加里士 21分17.3秒	聖三一堂前馬頭涌道出發→亞皆老街→窩打老道→彌敦道→加士居道→公主道口→漆咸道口→馬頭涌道(4.25英里)	《香港工商日報》 1968年12月31日 《華僑日報》 1969年1月3日
國際公開長途賽跑	1970年1月11日 第24屆	中健會	參加168人 報到144人 完成140人 冠軍：利仁 48分10.6秒	聖三一堂前馬頭涌道出發→亞皆老街→窩打老道右→龍翔道→大埔道→呈祥道→蝴蝶谷道→青山道→南昌街轉右→長沙灣道→界限街→露明道→亞皆老街→聖三一堂前（9.5英里）	《華僑日報》 1969年12月25日 《華僑日報》 1970年1月2日

賽事	年份	主辦	人數	賽道	資料
國際公開長途賽跑	1971年1月1日 第25屆	中健會	參加123人 報到109人 完成104人 成年組冠軍：黃煒賢48分6秒 青年組冠軍：何士46分31.7秒	九龍仔公園運動場→延文禮士道右轉→衙前圍道→喇沙利道→對衡道→窩打老道→龍翔道→大埔道→呈祥道→蝴蝶谷道→青山道→南昌街轉右→長沙灣道界限街→喇沙利道轉右→衙前圍道→延文禮士道→九龍仔公園（9.5英里）	《香港工商日報》1971年1月1日、1月2日
國際公開長途賽跑	1972年1月1日 第26屆	中健會	參加211人 報到181人 完成176人 成年組冠軍：吉信43分53.2秒 青年組冠軍：陳國輝47分9.5秒	同上	《華僑日報》1972年1月3日
國際公開長途賽跑	1973年 第27屆	中健會	報到300人 成年組冠軍：吉信30分39.6秒 青年組冠軍：那春友33分59秒	因蝴蝶谷道山泥傾瀉，改道（6.5英里）	《香港工商日報》1972年12月2日《大公報》1973年1月3日
國際公開長途賽跑	1974年 第28屆	中健會	青年247人 成年50人 成年組冠軍：沙奇35分59.5秒 青年組冠軍：蘇灼榮37分20秒	同上	《香港工商日報》1974年1月1日

賽事	年份	主辦	人數	賽道	資料
國際公開長途賽跑	1975年第29屆	中健會	青年241人 成人68人 成年組冠軍：尚路33分41.1秒 青年組冠軍：郝春友	延文禮士道培正道中學門前作起點，經東寶庭道→聯合道→富美街→鳳舞街→龍翔道→大窩坪道→大埔道→白楊街→西洋菜街→界限街→書院道→何前圍道→延文禮士道→九龍仔公園，繞球場一圈到終點（7.25英里）	《大公報》1975年1月3日
國際公開長途賽跑	1976年第30屆	中健會	參加314人 完成258人 成年組冠軍：尚路31分44秒 青年組冠軍：潘志華34分11.6秒		《大公報》1976年1月3日
國際公開長途賽跑	1977年第31屆	中健會	參加人數：成人組121人，青年組188人，當中有7名洋籍跑手 成人組冠軍：波路士29分28秒 青年組冠軍：尼路士30分15.3秒	起點九龍仔公園→延文禮士道→東寶庭道左轉→聯合道右轉→高打老道左轉和老街→大窩坪南昌街左轉→大坑西道右轉→大坑東道→又一村達之路→丹桂路→高槐路→海棠路→達之路→大坑東道→界限街→書院道→何前圍道→延文禮士道→九龍仔公園（6.25英里）	《香港工商晚報》1977年1月2日 《香港工商日報》1977年1月3日

附表四

攀登獅子山比賽

年份	主辦團體	參加人數	冠軍	成績
1953	九龍城街坊福利會	151	林春	14:10
1954	中青	151	伍金泉	14:10
1955	中青	36	陳鴻文	7:20.8
1956	中青	54	區忠盛	12:28
1957	中青	55	陳鴻文	12:48
1958	中青	50	區忠盛	13:2
1959	中青	60	陳鴻文	12:36.3
1960	中青	52	區忠盛	13:05
1961	中青	77	區忠盛	14:28.7
1962	中健	57	陳鴻文	13:46.3
1964	中健	49	陳鴻文	14:10.9
1965	中健	100	黃鏡波	13:48
1966	中健	124	黃鏡波	13:12.4
1967	中健	（欠資料）	（欠資料）	（欠資料）
1968	中健	60	黃鏡波	13:19.5
1969	中健	59	黃鏡泉	13:48.6
1971	中健	325 人（215 人跑畢全程）	黃鏡泉	16:6.4
1972	中健（本屆起改由慈雲山遊樂場側的慈雲山道為起點，轉入沙田坳道直上獅子亭，轉入山邊小徑為終點，全程約 1,600 米）	183（報到 160）	郝春友	7:58.7
1973	中健	73 人跑畢全程	白利安	9:10
1974	中健	118	冼安源	9:15
1975	中健	210	姜松英	11:48

第二章 香港首次馬拉松正式誕生

　　馬拉松賽跑一向被譽為一項極富挑戰性的運動，它不但將運動員的體能發揮至極點，更是人類決心和毅力的最高考驗。正因如此，香港戰前的很多道路長跑都冠以馬拉松跑為名。好像由香港業餘田徑總會舉辦的 1910 年長跑，原本是叫"Broke 挑戰盃跑"，但為了更吸引羣眾參加，便稱作"馬拉松跑"，但當時所跑的距離不過七英里左右而已。接着由香港聖彼得教會及九龍聖安德烈堂舉辦的每年道路長跑賽事都分別以香港馬拉松跑及九龍馬拉松跑命名。

　　要在香港舉辦一個全程馬拉松，賽道的安排自然是重要的考慮因素，從上一章所述及不論由民間體育組織或田徑總會主辦的道路賽事，都面對着向政府申請賽道的難處。若想在九龍半島繁榮的路段舉行一場全程馬拉松賽事，的確是妙想天開。

1969 年的元朗馬拉松

　　香港真正的 42.195 公里馬拉松跑要到 1969 年才正式首次舉行，名為香港國際馬拉松，亦稱作天天馬拉松。當時得以成事，可說是得着天時地利及人和。天時者，香港政府在 1969 年舉辦了首屆香港節，各地區都舉辦不同形式的體育文娛活動以慶祝香港節；地利者，元朗區在 60 年代是一個剛起步的衛星城市，賽道安排比較容易得到社區及政府相關部門支持，而元朗大球場亦在 1969 年建成，剛好可以用來作為起點及終點的集散處；人和是這場馬拉松賽事得到社會賢達慷慨捐輸，能夠邀請出色的國際跑手來港參賽，將全港第一屆馬拉松成為名正言順的國際馬拉松賽事。

香港首次正式的馬拉松比賽於 1969 年 12 月 14 日舉行，慶祝元朗大球場正式啟用，同時也為香港節的其中一項體育項目。當時由新界民政署署長陸鼎堂先生主持元朗大球場揭幕典禮，隨即舉行一連串的表演項目，包括樂隊表演、足球友誼賽等，當中最矚目的就是香港首次舉行的國際馬拉松賽事。賽事由香港業餘田徑總會主辦，一共有 28 位分別來自 9 個不同地區的代表選手參加，當中包括澳洲、南韓、印度、新加坡、紐西蘭、菲律賓的好手。當年的比賽可說是體壇盛事，比賽前幾天報章不斷報道來港參賽跑手的近況，大會原打算邀請 1968 年墨西哥奧運馬拉松冠軍 Mamo Wolde 來港參賽，可惜後來他婉拒了。香港亦有 6 位選手參加，包括：Hugh Barnfather、Robin Ponting、Rachael Chue、Brian Hill、Roy Bailey 及 Macdonald。其中 Rachael 是新加坡華人，其他都是洋將。

比賽在中午 1 時 30 分起步，由田總主席郭慎墀先生任大會總裁判，郭慎墀先生是拔萃男校的校長，熱愛田徑，當年推動學界體育發展功不可沒。韋基舜先生為大會法令，他是世家子弟，熱愛體育運動尤其是拳擊比賽，韋氏家族創辦《天天日報》，當年香港國際馬拉松就是《天天日報》冠名贊助。

比賽槍聲一響，運動員首先環繞元朗大球場兩圈，然後跑出球場直向元朗大馬路，經坳頭交叉路入新田公路，途經沙埔、竹園、米埔至上水十字路口轉入粉錦公路，跑過蓮塘尾到打石湖村口折回起點，原路返元朗運動場為終點。

來自南韓的金澤鈞以 2 小時 20 分 39 秒奪標，澳洲選手尊法靈敦及印度的蘇晏力星分別獲得亞軍及季軍，28 名選手當中有 21 人能跑畢全程，當中有 4 名是香港選手，田總還保存着這次比賽的大會成績。

馬拉松最後兩里半的激烈競爭情況。右一起為南韓的金澤鈞、澳洲的尊法靈頓及印度的蘇晏力星（《南華早報》，1969 年 12 月 16 日）

在頒獎典禮上，韋基舜先生（右）頒發冠軍獎座與南韓選手金澤鈞（左）（《南華早報》，1969 年 12 月 16 日）

兩名賽前大熱門澳洲的 John Farrington（左）及紐西蘭的 John Foster（右）比賽前在拔萃男書院田徑場練習（《南華早報》，1969 年 12 月 11 日）

FIRST HONG KONG TIN TIN MARATHON— COMPLETE RESULTS

14th December, 1969.   Yuen Long — Fanling — Yuen Long 26 miles 385 yards.

Timed by Omega electronically and brought to nearest 0.2 secs.

1st	Kim Cha Kwan	(ROK)	—	2 hrs.	20 mins.	39.2 secs.
2nd	J. Farrington	(Aust.)	—	2 "	21 "	22.6 "
3rd	Harnek Singh	(Ind.)	—	2 "	23 "	25.8 "
4th	W. Penera	(Ceylon)	—	2 "	27 "	12.6 "
5th	J. Foster	(N.Z.)	—	2 "	29 "	45.6 "
6th	E. Mendoza	(Phil)	—	2 "	48 "	42.2 "
7th	Vicharn Benjabul	(Thai)	—	2 "	52 "	29.6 "
8th	R. Tamayo	(Phil)	—	2 "	54 "	16.8 "
9th	Hali Singh	(Sing)	—	2 "	55 "	16.4 "
10th	M. Cuaresma	(Phil)	—	2 "	58 "	34.0 "
11th	P. Lim	(Phil)	—	3 "	00 "	29.8 "
12th	B. Tondo	(Phil)	—	3 "	03 "	11.8 "
13th	R. Chue	(H.K.)	—	3 "	05 "	47.6 "
14th	N. E. Best	(R.N. Sing.)	—	3 "	07 "	34.8 "
15th	Brian Hill	(H.K.)	—	3 "	08 "	10.0 "
16th	E. Tamayo	(Phil)	—	3 "	09 "	22.0 "
17th	M. Harris	(R.N. Sing.)	—	3 "	10 "	29.2 "
18th	I. D. Teesdale	(R.N. Sing.)	—	3 "	12 "	08.0 "
19th	M. Hemando	(Phil)	—	3 "	12 "	38.0 "
20th	H. Barnfather	(H.K.)	—	3 "	23 "	51.4 "
21st	R. Ponting	(H.K.)	—	3 "	28 "	0.8 "

Temperature: 17.5 degree Centigrade to 16 degree Centigrade.

Relative Humidity: Around 50%.

Wind: Negligible.

Sky: Clear and sunny.

時任田徑總會主席的郭慎墀太平紳士促成了第一屆香港國際馬拉松,郭氏是田徑總會 1969 至 1976 年度主席,亦是拔萃男書院第七任校長(1961-1983),致力推行田徑運動。圖為校長在校內運動會中為破紀錄的跳高運動員量度跳高紀錄,相中的橫桿及量度尺成一個十字,充份象徵校長一生對教育的奉獻

1969 年田總年報紀錄了首屆香港國際馬拉松的比賽成績,因為由《天天日報》贊助,故亦稱天天馬拉松

　　香港最快的跑手是 Rachael Chue,根據荃灣田徑會創辦人史密斯(Graham Smith)憶述,Rachael 在新加坡服兵役時,跟隨當地的英軍訓練長跑。來港後,居於青衣,亦加入了當時的荃灣區康樂體育總會,其後他在 1977 年香港長跑會舉辦的香港馬拉松奪得先進組第一名。

　　可惜這一個香港國際馬拉松賽事只辦了一屆就暫時無以為繼,直到七十年代後期才由田徑總會屬會接棒舉辦馬拉松賽事,其中最廣為人知的是由香港長跑會自 1977 年起主辦的香港馬拉松賽事。

第三章　長跑競賽百花齊放

一、七十年代籌辦多樣化賽事

香港馬拉松（1977-1991）

　　七十年代初期，民間體育組織逐漸淡出主辦長跑賽事，香港七十至八十年代的長跑及馬拉松賽事多由田總屬會組織，並由香港業餘田徑總會承認。其中馬拉松賽事就是由香港長跑會在 1977 年起開始舉辦。香港長跑會由一羣熱愛長跑運動的人士在 1977 年 3 月成立，5 月便舉辦了第一屆 Mount Butler 十英里賽事，同時亦雄心勃勃籌組第一屆香港長跑會的馬拉松賽事。在短時間內能夠成事，實有賴於駐港英軍在場地上的大力支持。1977 年的第一屆馬拉松在新界石崗舉行，當時香港長跑會的主席是 Chris Nash，馬拉松賽事的籌委會主席是 Malcolm Philips。成員包括 Andy Blunier、David McAuliffee 及 Steve Reels。以上四位都是熱愛長跑人士。賽事由石崗軍營的停機坪起步，出軍營右轉入錦田公路，沿錦田公路至林錦公路交叉位入錦上路，沿錦上路右轉入東匯路，經迴旋處入錦上路右轉回軍營。運動員經停機坪再出發去錦上路，重複四次。

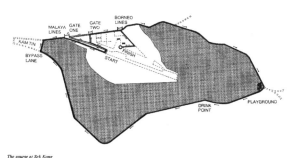

1977 年長跑會第一屆馬拉松的
手繪圖

The course at Sek Kong

1977 年石崗軍營機場鳥瞰圖，馬拉松起點就在停機坪跑道上

石崗軍營

錦上路

1977 年石崗軍營附近的鳥瞰圖，圖中央的大道是錦上路，石崗軍營在右上角（當時比賽沿途應該沒有很多市民為跑手打氣了）

曹爾及馮珊娜得獎後合照

1977 年香港馬拉松場刊

　　比賽在 1977 年 12 月 4 日舉行，當天比賽發生一段小插曲，原本籌委會安排接載運動員從窩打老道軍營到石崗軍營，可惜當時交通安排出了問題，結果一百多名運動員滯留在窩打老道軍營，能到達石崗軍營的只有 194 名跑手。

　　比賽結果是從英國來公務局工作的外籍人士曹爾（Adrian Trowell）以 2 小時 30 分 19.3 秒稱王，當年他可謂一枝獨秀，比次名寶斯（Brian Balls）快接近四分鐘。曹爾接着在 1978 年破了由英籍跑手接臣所保持的五千米 14 分 57 秒的場地紀錄，成為田徑總會 1979 年的最佳運動員。女子組方面，當時還是名不經傳的伍麗珠開跑時領先，但另一位長跑好手馮珊娜有備而來，緊隨其後，堅守有利位置，最後馮珊娜以 3 小時 28 分稱后。馮珊娜亦是田徑總會 1979 年的最佳女子運動員。事實上當年的香港長跑會主要是由外籍長跑好手組成的。

起跑前一刻，圖中號碼００８是 Rachael Chue，1969 年香港首屆國際馬拉松的最快香港跑手

起跑前馮珊娜（右）與曹爾（左）寒暄

馮珊娜到達終點前一刻

本地跑步雜誌 *ON-ON* 創刊號，專題報道 1977 年的馬拉松

長跑好手伍麗珠嶄露頭角

　　為使賽事辦得更好，賽會將原於 1978 年 12 月的馬拉松比賽延至 1979 年 1 月 7 日舉行，故 1978 年沒有賽事舉行。順延至一月的比賽當日氣溫為歷屆最高。頭段由安諾德及何岳北帶出，但由於天氣太熱，二人均無法保持均速，結果由穩步而上的韋禮德（Steve Wright）最後以 2 小時 46 分 27 秒首先抵達大本營，這是他的第一個馬拉松，當時還未滿 22 歲。而伍麗珠亦於此年以 3 小時 18 分 46 秒首奪冠軍，並於此後的比賽中先後三度稱后。

韋禮德奪標後接受訪問

1980 年香港馬拉松的跑手合照，背景可見到當時石崗軍營的部分景象。圖中 141 號是 Malcolm Philips，第一屆長跑會的香港馬拉松籌委會主席

畢萊爾由警車護送下，
直趨終點

伍麗珠（右）衝線一刻

　　伍麗珠於 1980 年 1 月 20 日的第三屆賽事中衞冕后座成功，時間為 2 小時 59 分 31 秒，此佳績亦成為東南亞第一位打出三小時內跑畢賽事之女跑手。同年長谷川遊子以 3 小時 27 分 23 秒奪得亞軍，標誌着 80 年代兩名香港長跑天后的輝煌長跑事跡的開始。男選手方面，畢萊爾（Bill Pegler）緊遵馬拉松之金科玉律，以穩定平均之步伐奪得寶座，他的完成時間是 2 小時 34 分 30 秒。

　　1981 年 1 月 31 日的第四屆賽事有接近 280 名跑手參與。當時某著名的日本跑鞋品牌公司，從日本請來好手北山義信（Kitayama Yoshinobu）參賽，他最好的馬拉松時間是 2 小時 13 分 24 秒，可說是鶴立雞羣。結果他不負眾望以 2 小時 19 分 43 秒奪得男子冠軍，女子組別則由英國名將邊斯（Kathryn Binns）以 2 小時 45 分 38 秒勝出。可惜，當時的比賽路程未被國際田徑聯會正式承認，其賽果亦不被接納為新紀錄。這屆有 180 名選手能完成賽事。

1982 年 1 月 30 日第五屆比賽有接近 300 名跑手參與，賽會得到 Nike 及 Mars 作為商業贊助，能夠邀請不少海外高手來港作賽，包括來自美國的維格爾（Charlie Pablo Vigil），他最好的馬拉松成績是 2 小時 15 分 19 秒、英國的荷頓（Andy Holden）其馬拉松最佳時間是 2 小時 15 分 17 秒，另外澳洲的漢爾（Garry Hand）及紐西蘭的貝理雅（Bruce Blair），他們最佳成績分別是 2 小時 16 分 37 秒及 2 小時 19 分 33 秒。是年亦有兩名從內地來參賽的跑手。

比賽開始時，荷頓及漢爾兩人亦步亦趨，並肩跑了三圈，但到了第四圈

在石崗機場起步一刻，一眾跑手奮勇向前

剛出道的華人跑手黃仲文（右）和當時已是如日
中天的本地長跑好手 John Arnold（左）在石崗
跑道上奔馳

冠軍北山義信衝線一刻

時，漢爾不幸滑倒，打擾了步伐節奏，最後，荷頓輕鬆首先到達終點，以 2
小時 17 分 43 秒改寫馬拉松紀錄。漢爾以 1 分 6 秒落後獲得亞軍，而中國的
馮禮信以 2 小時 25 分 18 秒奪得第三名。女子組方面，伍麗珠亦以 2 小時 50
分 09 秒第三度稱后香港馬拉松。

賽道改在沙田銀禧出發（1983-1987, 1990, 1991）

　　和以往的長跑賽事一樣，賽道的安排是比賽能否順利完成的取決點。
1983 年的馬拉松因石崗軍營附近有大型工程改路，不能展望繼續在石崗軍營
附近舉行馬拉松了。八十年代初期沙田剛發展成衛星城市，交通不算太繁忙，
要申請在沙田區內跑，所遇的阻力相對比較少，加上銀禧體育中心 —— 現今
的香港體育學院 —— 在 1982 年啟用，而當時的總監祈賦福（David Griffiths）
是一個非常熱愛長跑的人士，為香港長跑會提供了一個很好的契機將馬拉
松移師到沙田區舉行。1983 年 1 月 21 日的第六屆賽事，和去年一樣有接近
300 名跑手參加，起點在銀禧體育中心運動場，運動員首先在運動場跑三圈，
然後環繞第一城及沙田馬場停車場作 8 字形跑四圈，然後回到銀禧體育中心
的終點。

銀禧體育中心　　　沙田馬場

1982 年的沙田新市鎮，沙田馬場及銀禧體育中心在圖的正遠方

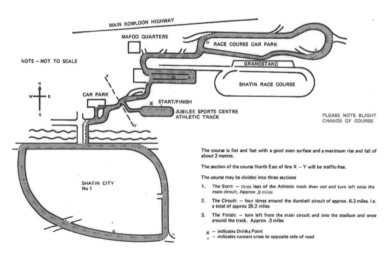

1983 年香港馬拉松的路線圖（藍色路線）

長谷川遊子多次奪冠

　　是屆不乏外國好手參賽，當中包括蘇格蘭的丁格（Jim Dingwall），其最好的馬拉松時間是 2 小時 13 分 58 秒。"地頭蟲"英軍體能教官透納（Ted Turner）在首次參加馬拉松比賽中，與來自蘇格蘭的丁格展開一場扣人心弦的劇鬥。透納一度領先到最後一英里半，最後丁格憑豐富經驗以 2 小時 15 分 48 秒的新紀錄，奪得冠軍殊榮，透納緊隨其後以 2 小時 17 分 27 秒奪得亞軍。女子組方面，觀眾終於可以一睹兩位跑后對壘，在比賽的頭半段長谷川遊子一直讓伍麗珠領跑，到 15 英里左右，長谷川遊子發力最終以 2 小時 43 分 08 秒奪得冠軍，伍麗珠緊隨其後，以 2 小時 43 分 55 秒得亞軍。

　　第七屆賽事在 1984 年 1 月 21 日進行，接近 500 名跑手參與，當中有來自澳洲、韓國、英國、中國等地區的跑手，丁格和透納捲土重來。比賽地點和去年相若，不過起點改在沙田運動場。比賽開始上屆冠軍丁格領前，澳洲的堅尼地（Graeme Kennedy）緊隨其後，直至 16 公里左右，堅尼地帶前並輕

丁格（SCMP 23 Jan 1983）

長谷川遊子（SCMP 23 Jan 1983）

鬆以 2 小時 17 分 27 秒首先到達終點。中國的兩名跑手朱春樹及潘玉波分別奪得亞、季軍,成績分別是 2 小時 18 分 22 秒及 2 小時 18 分 47 秒。女子組方面,長谷川遊子以 2 小時 42 分 35 秒力保后冠。英國的馬田蘇珊(Susan Martin)以 2 小時 45 分 30 秒奪得亞軍,而伍麗珠亦以 2 小時 48 分奪得季軍。這成績足以讓她倆代表香港參加 1984 年洛杉磯奧運會的馬拉松賽事。

第八屆賽事在 1985 年 1 月 27 日在銀禧體育中心進行,是屆有來自 20 多個國家及地區接近六百名跑手參加,當中有 6 名跑手的馬拉松最好時間是在 2 小時 15 分以下。觀眾可在 1985 年的男子組看到一個最刺激的馬拉松衝線鏡頭。法國賴沙理(Alain Lazare)在最後 80 米奮力追上,以一秒之差力壓中國的朱春樹。成績是 2 小時 18 分 34 秒。這也是朱春樹連續兩年得第二名了。另外,本地華人跑手植浩星以 2 小時 33 分 14 秒排名 16,成為首名本地華人衝線。

女子組方面,長谷川遊子一直位於領先位置,赤腳的印度艾嘉(Asha Agarwai)在離終點大約 150 米拋離已筋疲力盡之長谷川遊子,最後以 2 小時 44 分 51 秒奪得女子冠軍。長谷川遊子以 2 小時 45 分 10 秒隨其後得第二名。

令觀眾看得最如癡如醉的一幕,冠亞軍跑手幾乎同時衝線

赤腳的印度艾嘉以 19 秒之微力壓長谷川遊子

　　吐露港公路在 1985 年通車，從沙田馬場至大埔元洲仔的一段沿海公路長
7.3 公里，沿途景色宜人。相對於環繞沙田第一城及沙田馬場停車場作 8 字形
四圈跑的賽道，吐露港公路的啟用，的確為賽會提供一道更好的賽道讓運動
員創造好成績。1986 年 1 月 25 日的第九屆賽事同樣在沙田銀禧中心作為起
點及終點，只是起步後改為往北跑，經過沙田馬場，然後一直沿着吐露港沿
海公路到大約 12.4 公里處，然後回頭重複跑三圈後，再返回沙田銀禧中心的
終點。1985 年的冠亞軍都捲土重來，是年的賽事亦首次有訓練獎金作鼓勵，
男子組冠軍獎金是美金 2,500 元，女子組冠軍為美金 2,000 元。比賽人數多達
800 多名跑手，吐露港高速公路上人頭湧湧，蔚為奇觀。

開跑後，上屆冠軍法國的賴沙理帶前，以 16 分 13 秒完成首 5 公里。上屆亞軍朱春樹緊隨其後，最後終於一償所願奪得冠軍，以最佳紀錄 2 小時 15 分 08 秒獲勝。上屆冠軍法國的賴沙理感冒影響表現，只能以 2 小時 16 分 3 秒屆居第四名。是年的馬拉松對中國隊來説可説雙喜臨門，男子組方面朱春樹得冠軍而女子組冠軍亦由中國的溫欣綿以 2 小時 36 分 55 秒奪得。這成績亦是當時最快的香港場地紀錄。植浩星以 2 小時 28 分 49 秒排名第 11，成為首名突破 2 小時 30 分大關的本地華人。

1987 年第十屆的賽道和 1986 年的一樣，在 1 月 25 日舉行。加拿大文南（Rick Mannen）壓倒美國祁達斯（Doug Kurtis），以 2 小時 20 分 51 秒獲得男子組冠軍之名銜。女子組方面，中國李娟苦戰香港前冠軍長谷川遊子，稍以 2 小時 37 分 35 秒險勝。而長谷亦以個人最佳時間 2 小時 38 分 32 秒刷香港新紀錄，黃鳳芬以 2 小時 52 分 51 摘季。黃仲文以 2 小時 30 分 40 秒為是屆首名本地華人跑手衝線。

跑手在銀禧中心起跑一刻。圖中 7 號為香港馬拉松紀錄保持者（Paul Spowage），2 號為冠軍跑手朱春樹

領先跑手在吐露港公路奔馳

印度的 Dasouza（130 號）及香港的 Tim Soutar
（386 號）分別以 2:25:44 及 2:26:12 奪得男子公
開組第八及第九名。 102 號為植浩星

第十屆海報

圖左：冠軍加拿大的文南
（351 號）和緊隨其後的亞
軍祁達斯（1 號）
圖右：長谷川遊子亦步亦
趨冠軍李娟（252 號）

轉戰港島東區走廊（1988）

1988 年，由於賽會已定的第十一屆比賽日正值是賽馬日，有關部門不接納賽會在沙田舉行馬拉松賽事。幸好東區走廊剛啟用不久，交通未算太繁忙，得到各政府部門的協調，賽事可以在港島東區走廊舉行。路線和今天的渣馬10 公里跑相若，在東區走廊來回四圈。報名人數創下 972 人之紀錄，包括 21名輪椅跑手。賽會並邀請當時得令的英國著名馬拉松跑手鍾斯（Hugh Jones）來港比賽。他的最佳馬拉松時間是 2 小時 9 分 24 秒，可惜他志不在此次的馬拉松，開跑的階段他遠遠落後於其他跑手，在進入第 3 圈的時候比前面的領先跑手羣慢了差不多兩分鐘，但他在 10 公里發力，以 2 小時 23 分 55 秒得第二名。中國蔡尚岩以 2 小時 23 分 7 秒奪冠，其同袍李秀霞以 2 小時 41 分 31秒於女子組勝出。

1989 年，政府以阻塞交通為由拒絕舉辦馬拉松賽事。事實上，東區走廊的興建，主要是為了取代車流量飽和的英皇道、筲箕灣道及柴灣道，成為連接東區及香港島中心地帶的主要通道，交通相當繁忙。經香港業餘田徑總會與政府高層交涉後，馬拉松於 1990 年再次成功舉辦。至此馬拉松賽事亦由田徑總會主辦了。比賽回到沙田銀禧體育中心舉行，和 1987 年的賽事一樣在吐露港來回三次，結果中國的蔡尚岩以 2 小時 25 分 14 秒奪冠，亞軍選手是來自英國的斯坦‧馬克利 (Stan Markley)，吳輝揚以 2 小時 29 分 46 秒奪得季軍。女子冠軍同樣是中國的選手李玉蓮，她以 2 小時 46 分 27 秒勝出，伍麗珠及羅曼兒緊隨其後，奪得亞、季軍。

1991 年第 13 屆賽事於 3 月 3 日在吐露港舉行。香港業餘田徑總會首次以"培訓金"獎勵公開組之得獎者。賽事只有三百多名跑手，特邀國際跑手不多，中國劉晏臣與許麗存分別以 2 小時 20 分 26 秒和 2 小時 48 分 51 秒奪冠。香港的植浩星及 Gillian Castka 分別以 2 小時 27 分 12 秒及 2 小時 51分 26 秒奪得男、女子組亞軍。由於吐露港的交通在 90 年代已日益繁忙，在1991 年之後，馬拉松比賽的道路已不能在吐露港公路上奔馳了，田總要繼續舉辦馬拉松賽事又要另覓場地。

Hong Kong 1988 International Marathon   Course - 4 laps.

1988 年港島東區賽道路線

冠軍蔡尚岩（左）及亞軍 Hugh Jones（右）（SCMP，1988 年 1 月 25 日）

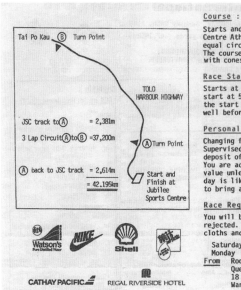

Course :

Starts and finishes at the Jubilee Sports Centre Athletics Track and includes 3 equal circuits on the seaward carriageway. The course will be traffic free and marked with cones.

Race Start :

Starts at 6:00. Wheelchair athletes will start at 5:50 am. Runners must assemble at the start no later than 5:45am. Be there well before the event. Take the official Bus.

Personal Items :

Changing facilities will be available. Supervised facilities will be available for deposit of personal items at your own risk. You are advised not to bring anything of value unless absolutely necessary. As race day is likely to be cold you are advised to bring adequate clothing.

Race Registration :

You will be notified only if your entry is rejected. You must collect your number cloths and T-shirt at the following times :

Saturday 20 Jan. 9:00 am to 6:00 pm
Monday 22 Jan. 9:00 am to 6:00 pm
From Room 812
Queen Elizabeth Stadium
18 Oi Kwan Road
Wanchai, Hong Kong.

1990 年賽事報名單張

中國選手劉晏臣（SCMP 1991 年 3 月 4 日）

第 13 屆香港選手植浩星勇奪男子組亞軍

香港越野聯賽團隊較勁（1977–2002）

越野賽跑一般是指在郊外崎嶇不平的小路上作長跑比賽活動。比賽的時段一般都在秋冬兩季，在田徑比賽季度前開始，目標主要是測試長跑運動員的體質。根據國際田聯的資料，第一次國際越野錦標賽是 1903 年在蘇格蘭漢密爾頓公園（Hamilton, Lanarkshire）進行，而第一屆國際田聯世界越野錦標賽在 1973 年的比利時舉行，越野賽亦曾經是奧運會的其中一個項目，分別曾在 1912 年、1920 年和 1924 年舉辦。

香港戰後的第一次越野賽跑比賽是在 1949 年由英軍舉辦，而由田徑總會舉辦的越野賽錦標賽則是在 1952 年首次舉辦，參加的選手大多是當時駐港的英軍，華人參與未算熱烈。到了七、八十年代越野賽在香港非常受歡迎，第一屆的香港越野聯賽在 1977 年舉行，當時的構思主要是推廣長跑運動，算是屬會間的比賽，賽事由田總的五個屬會輪流舉辦，只限田總屬會會員報名參加，賽事共分五場，有隊際及個人比賽，成績以五場比賽中最好的四場成績計算。首屆的冠軍是曹爾，冠軍隊伍是 YMCA。

當時越野聯賽的賽站可謂遍佈全港，如城門水塘、石梨貝水塘、香港仔水塘、屯門掃管笏、青龍頭清快塘、新圍軍營、潭尾軍營等。選址不同主要是讓運動員能接觸不同的賽道，適應不同的環境場地，累積不同的比賽經驗，提升競技水平。當中最為本土跑手期待的就是由駐港英軍籌辦的賽站，特別是到一些軍事禁區比賽。禁區長期對外封閉，只有在比賽期間跑手才有機會跑上這些路段。

當時的參加者除了本土的越野賽高手外，還有很多在港服役的軍人及從外國來香港工作的海外跑手，越野賽就是體現了華洋共處的英雄地。當時駐港的英軍一般都擁有健碩的身型，過人的體能，還經常訓練，他們是越野賽的得獎常客，也是華人跑手追趕奮鬥的目標，無形中形成良性的競爭，亦推動了田徑運動的整體發展。

Graham Smith 荃灣田徑會
的始創者

鍾華勝（349）、Stephen Reels（384）、梁偉
儀（358）都是協調田徑會的中流砥柱。Adrian
Trowell（193）是香港 5000 公尺紀錄保持者及
1977 年香港馬拉松冠軍，成立鳳凰田徑會。
John Arnold（155）是香港長跑會的元老及骨幹
分子

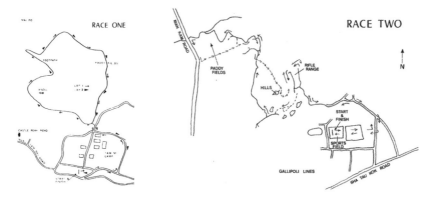

兩處都是跑手難得一去的比賽場地：潭尾軍營賽道（10 公里，左圖）及新圍軍營（11.8 公里，右圖），
這些場地平常謝絕運動員及其他人進入

因為越野賽是隊際的關係，亦推動了組織好幾個以長跑為重點發展的體育會，好像是 1975 年成立新青聯體育會；1976 年的荃灣田徑會（前身為由 Graham Smith 推動的荃灣區康樂及體育會）；1979 年由 Mr Ian Robertson 創立的 Road Runners Athletics Club；1977 年創立的香港長跑會，此會以新界大埔為基地；Stephen Reels 和鍾華勝等成立的協調田徑會；以洋將為主的鳳凰田協會（Phoenix Athletic Club）；YMCA 及紀律部隊組成的警察田徑會及消防體育會。

越野賽聯賽從 1982 年開始加入青年組別，1983 年加設女子組別，及後更在 1986 年開始加入學生隊際賽事，受歡迎的程度、競爭的劇烈可說是一時無兩，同時亦培育出一批優秀的越野長跑高手。香港越野聯賽一直至 2002 年完結，並從 2003 年開始改為屈臣氏健康知己越野錦標賽及接力賽。

選手在潭尾軍營起跑一刻

跑遍七大水塘的水塘盃聯賽（1979 至今）

2016 年是殿堂級跑步雜誌 *Runner's World* 首刊的五十週年，亦是香港版《跑者世界》的第一年。其實遠在 70 年代香港已經有自己的跑步雜誌 *ON-ON*，提到這本雜誌就不得不提及這雜誌的創辦人潘尼亞（Andy Blunier）。此君是一名長跑愛好者，亦是一名商機觸覺極敏銳的人。1976 年，當時的紐約馬拉松由郊區轉到市區舉辦，立即吸引眾多參賽者參加。該馬拉松賽道在市區的主要區域進行，引來大量觀眾，越來越多人開始留意馬拉松，並有很多品牌及產品支持此項目，提供大量贊助，潘尼亞洞悉此商機，便從美國來港創立馬拉松出版社，推出跑步雜誌 *ON-ON*（後來改名為 *Asian Runner*），同時邀請其他商業贊助，舉辦不同類型的路跑比賽，其中最廣為人知的相信是水塘盃賽事及大路之王。可惜後來經營不善，在 80 年代中期馬拉松出版社結業，但他昔日的努力，推動本地長跑的精神實在功不可沒。

水塘盃聯賽（7-Reservoirs Cup）由滙豐銀行冠名贊助，1979 年開始舉辦，賽事一共分為七站，由 1979 年的 9 月一直到 1980 年的 3 月。七個站分別是薄扶林水塘（6.1 英里）、大潭水塘（6.2 英里）、大欖涌水塘（9.8 英里）、吐露港船灣淡水湖（13.4 英里）、香港仔水塘（6 英里）、城門水塘及最後一站的河背水塘（9 英里）。及後香港資深運動員會 (AVOHK) 繼續舉辦至今的四站：香港仔水塘、大欖涌水塘、大潭水塘及城門水塘。

水塘盃聯賽開始前一刻，圖左持擴音器的就是潘尼亞

黃仲文是 1986 至 1987 年水塘盃聯賽冠軍

香港環島接力長跑（1975-1984）

　　長跑接力比賽有薪火相傳的意義，世界上最歷史悠久及著名的長跑接力賽應算是日本箱根的馬拉松接力長跑賽，箱根馬拉松接力賽全名為"東京箱根間往復大學驛駅伝競走"，全長 217.9 公里，由 20 所大學各派出 10 名長跑精英，以接力方式從東京大手町出發，抵達箱根蘆之湖畔後折返東京。每一區平均 21 公里，當中以第 5 段的小田原至箱根為最艱巨，由箱根湯本開始上山，跑至最高處蘆之湖，海拔為 874 米。賽事於 1920 年首次舉辦，除了二次世界大戰期間停辦外，每年都有舉辦，歷史悠久，是孕育日本長跑精英的搖籃。2016 年是第 92 屆，歷屆最快時間是第 88 屆東洋大學所創造的 10 小時51 分 36 秒。

　　香港業餘田徑總會在六十年代曾經舉辦了五屆環島接力長跑比賽，這項接力跑賽事到了七十年代才有警察體育會接棒承傳。警察體育會在 1975 年至1984 年間舉辦了十屆全程 25 英里的環島接力長跑比賽。賽道無復六十年代初期的狀況，不再遊走於干諾道、金鐘道、高士打道、波斯富街、禮頓道及以南華體育會為終點了。

警察體育會主辦的賽事改在香港警察學院（黃竹坑校舍）出發，經黃竹坑道上香港仔水塘道直到灣仔峽公園為第一棒的終點，從灣仔峽公園經布力徑大潭水塘直到大潭停車處為第二棒終點（5.4 英里），第三棒從大潭到石澳道的大風坳為第三棒終點（4.8 英里），第四棒是第三棒的回頭路，而第五棒是從大潭道經淺水灣道，香島道直到黃竹坑警察訓練學校為終點。五段路程以第一棒最短（3.7 英里），但亦是最斜的路段，二、三、四段主要是沒交通的路段，而第五棒是最長路段，達 6.3 英里，同時亦是沿着繁忙的港島南區街道

長跑好手梁偉儀（左）及 John Arnold（右）途經香島道人車爭道的路段（原刊於 *ON-ON* 1979 年 4/5 月號）

路跑。這段 25 英里的道路接力賽紀錄 2 小時 9 分 49 秒，是由香港長跑會於 1983 年創造的。

環島接力長跑比賽當時深受長跑愛好者歡迎，亦造就了大批長跑好手及長跑會的發展，如新青年田徑會、協調田徑會、鳳凰田徑會、YMCA 田徑會、香港長跑會都是當時很有實力的長跑會，但環島接力長跑比賽最終亦以交通封路問題，1985 年後不能再繼續舉辦了。

跑在郊野的中國海岸馬拉松（1981 至今）

潘尼亞除了一手創立了水塘盃聯賽、大路之王比賽，同時亦是中國海岸馬拉松的催生者。和香港長跑會舉辦的香港馬拉松不同，中國海岸馬拉松標榜跑在郊野中，舉行地點在西貢萬宜水庫，整個跑道上落斜波幅大，難跑兼難創造好成績。萬宜水庫鄰近中國海岸（南中國海），故命名為中國海岸馬拉松。第一屆在 1981 年 3 月 30 日舉行賽事，吸引了 325 名跑手參加，能夠完成賽事者只有 307 人。為增加賽事的吸引力，賽會特意從英國邀請著名長跑手希爾（Ron Hill）來香港作賽，Ron Hill 在英國可說是家傳戶曉，他是第二個打破 2 小時 10 分大關的馬拉松跑手，並曾代表英國參加 1964 年及 1972 年的奧運會，他馬拉松最快時間是 2 小時 9 分 28 秒。雖然他來港時已年屆 42 歲，但仍然輕易以 2 小時 34 分 35 秒奪冠。中國海岸馬拉松亦是他人生中的第 65 個馬拉松。這項賽事後來由香港元老長跑會接辦，至 2016 年已經是第 36 屆了。這個被 Ron Hill 形容為一生之中最難跑的馬拉松賽道，每年都吸引無數長跑好手參與。

日期：一九八六年三月二十八日（星期五）

國際金一哩路線圖

1ST BANK OF CHINA GROUP CUP GOLDEN MILE REVIEW

第一屆香港國際金一哩的珍貴片段

二、回歸前的特色跑

跑在城中的國際金一哩（1986-2002）

　　水塘盃及越野賽的主題是讓參加者能在郊野中享受大自然跑的樂趣，但若要吸引觀眾觀賞比賽或打氣，無可避免在城中進行會較為理想。這涉及交通封路的問題，要得到政府有關部門的支持也實在不易，更遑論在中環核心的商業區舉行競賽了。所以田徑總會在 1986 年在中環舉辦的第一屆國際金一哩就更顯得難能可貴了。首屆的國際金一哩賽事得到中銀集團冠名贊助，並邀請到亞洲地區包括中國、日本、印度、馬來西亞、印尼、新加坡等高手來港作賽，賽事在中環皇后像廣場起步，經過雪廠街、德輔道、美利道、遮打道作 2 圈比賽，比賽在 3 月 28 日的星期日早上進行。當天早上皇后像廣場及德輔道擠滿熱愛跑步的人士觀賞比賽及為香港隊打氣，結果日本的是鹽田（Toru Shiota）輕易以 4 分 18 秒奪冠，隨其後的分別是印度及馬來西亞的跑手。這項賽事一共舉辦了 17 屆，到 2002 年完成其跑在城中的歷史任務了。同一場地亦已經改成為一年一度的港鐵競步賽了。

別具意義的港深馬拉松（1992-1997）

　　90 年代，香港經濟火速發展，同時中港兩地交通往來日漸繁密，要物色一條得到政府有關部門支持的馬拉松賽道實非易事。但 1997 年主權回歸，亦令馬拉松賽事有另一個發展空間。當時田總主席高威林先生高瞻遠見，考慮到可以從香港一直跑至深圳內地。如果有人在 80 年代說，讓香港和深圳這兩地截然不同的入境和出境制度下，可在同一天內讓跑手來回港中兩地的馬拉松跑，一定是天方夜譚了，但這神話般的故事結果在田總排除萬能之下，在 1992 年成功舉辦第一次香港至深圳馬拉松，"港深馬拉松"實現了。

　　比賽在 1992 年 2 月 9 日舉行，雲集 13 個不同國家及地區，包括中國、英國、香港等 600 多名選手。該年男子組由中國選手潘少奎以 2 小時 20 分

54 秒奪冠，女子組亦由中國的王虹以 2 小時 46 分 49 秒摘冠。香港選手羅曼兒以 2 小時 47 分 20 秒勇奪亞軍，吳輝揚亦以 2 小時 24 分 51 秒創造了自己最快時間。

如何進行兩地安檢

至於兩地安檢是如何進行的呢？原來運動員在比賽之前已經預先做了兩地出入境的程序。人民入境事務處及中國海關分別在上水運動場及終點設立臨時辦公處，運動員就在那裏先做出入境手續，手續辦完後運動員獲派發一個個人的標記，當運動員跑經皇崗口岸將標記放在工作人員的工作箱中，標誌着運動員已經進入中國境內，當運動員在深圳完成賽事後，工作人員會馬上按着標記號碼發回運動員的回鄉證及身份證以便運動員能回港。根據田徑總會司庫黎廣超先生憶述，其實當時中國海關並沒有在香港進行入境手續，而是由深圳的主辦單位派工作人員，預先確認運動員與回鄉證。比賽當天，黎廣超先生親自攜同所有參賽運動員的各項證件到皇崗口岸蓋印，然後帶到終點發還給運動員。

1993 年連續第二年舉辦的"港深馬拉松"，由香港業餘田徑總會及深圳市體委聯合主辦。參賽的運動員達八百多名，分別來自中國、澳洲、香港、印度等 15 個國家及地區，吸引沿途近五萬人圍觀。是次賽事加插了一項 21.098 公里的半馬拉松賽，吸引更多長跑運動愛好者參加。馬拉松及半馬拉松賽皆以新界上水北區運動場為起步點，沿大埔高速公路經落馬洲皇崗邊境站，踏入中國深圳經濟特區，向深圳市體育中心終點進發。

比賽在八時半正在北區運動場起步，運動員浩浩蕩蕩出發，初段領先的是四名外籍運動員，大約 30 分鐘後第一批運動員已經通過港警落馬洲管制區直催皇崗口岸，第一位走進中方邊境的是澳洲的保頓，保頓在帶領約 32 公里後後勁不繼，被紐西蘭跑手夏愨追越，最終夏愨直趨終點以 2 小時 18 分 30 秒摘冠。女子組方面，英國女將斯蘭瑪察憑着較優後勁，在 38 公里拋離紐西

時任主席的高威林先生（持咪者）及副主席關祺先生在記者招待會中宣佈港深馬拉松的事宜

運動員經過皇崗口岸的歷史一刻

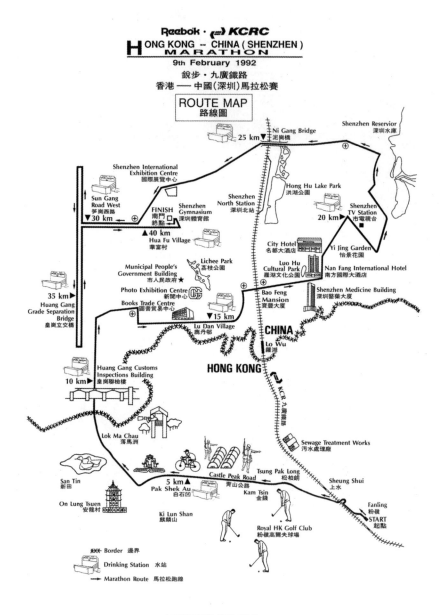

1992 年港深馬拉松路線圖

運動員在辦理出入境手續

放下標記

跑過關了

蘭的巴斯達直趨終點，成績為 2 小時 41 分 20 秒。

由於經費問題，"港深馬拉松"於 1994 年及 1995 年停辦兩年。在香港業餘田徑總會及香港新亞體育集團共同努力下，成功獲得渣打銀行贊助，當時的渣打銀行政總裁戴維斯先生，本身亦是一名長跑發燒友，促成了第三屆的港深馬拉松國際比賽。當時的口號"休息吧！風在說。回頭吧！雲在說。停止吧！路在說。廢話少講！我說。"的確能道出馬拉松跑手的心聲。

1997 年 2 月 16 日（年初十），"渣打港深馬拉松賽"於香港上水北區運動場舉行，終點為深圳體育館前廣場。是次除設有馬拉松賽外，更加插了半馬拉松賽，共有一千多名選手參加，當中包括國際級選手，分別來自中國、香港、紐西蘭、新加坡、肯雅、馬來西亞等地。比賽獎金高達五萬多美元。當年男子組冠軍由肯雅選手基奧科以 2 小時 16 分 13 秒的成績奪得，而女子組冠軍則由中國選手鄭桂霞以 2 小時 31 分 33 秒奪得。

1997 年渣打港深馬拉松的參加人數由 1992 年第一屆的 600 多人、1993 年第二屆的 800 人增加至今屆超過一千人參與。和上一屆一樣，賽事分為全程馬拉松及半馬拉松賽事，同時分別設有男女子公開組及壯年組別。賽事吸引了來自中國、香港、紐西蘭、新加坡、肯雅、馬來西亞等 20 個國家地區共 1,076 名選手參賽，爭奪 54,100 美元的總獎金，當中以來自肯雅的基奧古往績最好（馬拉松最佳時間為 2 小時 11 分 39 秒）。

和 1993 年那一屆一樣，運動員在上水北區運動場起步後，一直跑往皇崗口岸路程大約是 9 公里。首先經過皇崗口岸的是肯雅年青跑手梅士拿。緊隨其後的是肯雅的基奧古、馬高及中國的趙朝春、戰東林及美國的彼京頓。進入深圳市之後，一路領跑的梅士拿後勁不繼，改由另一名肯雅跑手馬高領前，緊隨其後的是基奧古、趙朝春及戰東林。最終基奧古以凌厲後勁超越對手，以 2 小時 16 分 13 秒摘冠及得到 12,000 美元獎金，佔主場之利的趙朝春亦不負眾望，爭回一席得第二名，第三名是一度領前的肯雅選手馬高。女子組方面，中國的鄭桂霞以 2 小時 31 分 33 秒奪冠，第二名及第三名分別由肯雅的芝卓雅及加拿大溫比奪得。

　　這屆港深馬拉松賽事，適逢 1997 年香港回歸，顯得別具意義，而隨着主權回歸，港深馬拉松亦不再舉辦了。

跑手在北區運動場起步前一刻

跑在公路上

跑手跑向皇崗口岸及到了深圳皇崗的一刻

當時的深圳市市容滿有社會主義特色

通車前的青馬大橋馬拉松（1997）

回歸前港英政府在 1989 年 10 月宣佈的玫瑰園計劃（香港機場核心計劃），又為香港馬拉松提供了新的比賽場地。香港機場核心計劃是一份規模龐大的基礎建設發展計劃，包括十項核心工程如計劃在大嶼山赤鱲角興建的新香港國際機場，青衣至大嶼山幹線（即青嶼幹線及青馬大橋）是其中一些主要工程。

青馬大橋的確是香港人引以為傲的地標建築，1992 年 5 月 25 日開始動工興建，耗資達 71.44 億港元。是全球最長的行車鐵路雙用懸索吊橋，以及全球第 9 長的懸索吊橋。大橋主跨長 1,377 米，連引道全長為 2,160 米。是由青嶼幹線通達香港國際機場的陸上通道。太古集團特別冠名贊助青馬大橋馬拉松比賽。比賽於 1997 年 5 月 4 日進行，當年亦創下了 5,600 名跑手參與的紀錄，男子組冠軍由英國選手胡辛以 2 小時 25 分 34 秒的成績奪得，而女子組冠軍則由澳洲選手路卡絲以 2 小時 52 分 7 秒奪得。青馬大橋及青嶼幹線開幕亦由前英國首相戴卓爾夫人主持開幕儀式，隨之於 5 月 22 日正式通車。

一眾跑手在青馬橋等待起步的一刻

跑手跑往青嶼幹線收費站的情況

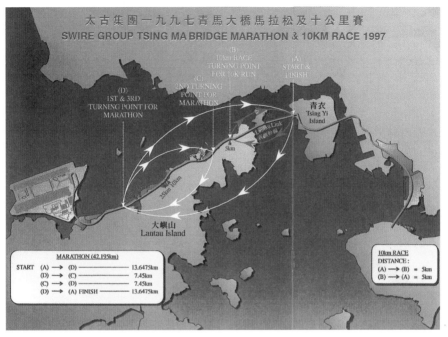

當年的賽事路線圖，分為十公里及全程馬拉松賽事

當時通往青嶼幹線的指示牌還未預備清楚

三、回歸後全民跑

機場啟用前的香港新機場馬拉松（1998）

　　相信人生唯一有機會跑在香港國際機場跑道上的，就是在機場還沒有正式啟用的時候。正因如此田總亦把握了這個機會，在赤鱲角香港國際機場正式啟用前舉辦了"渣打九八新機場馬拉松"，這亦是渣打銀行第二次冠名贊助香港國際馬拉松。比賽在 1998 年 2 月 22 日赤鱲角香港國際機場舉行。超過6,400 名運動員參與是次賽事，創造了當時香港長跑賽事的最高參賽人數紀錄。是次賽事，以青馬大橋作起點，沿汲水門大橋、北大嶼山快速公路，以赤鱲角新機場作終點。全程由電視台現場直播，讓全港市民感受其中。是次比賽更增設十公里賽，目的是鼓勵市民大眾尤其是青少年運動員多參與長跑賽事。同時，為達到傷健共融的概念，大會特別加插輪椅組十公里賽，約有二十多名香港傷殘運動員參與，在平坦的機場跑道上進行，讓更多不同背景的人士能參與今次盛事。

　　該年男子組由埃塞俄比亞選手采拿殊以 2 小時 13 分 9 秒奪冠，而女子組則由俄羅斯的伊零諾娃以 2 小時 39 分 26 秒奪冠。香港選手羅曼兒在女子公開組中奪得第四名，這也是歷屆香港馬拉松，本港選手得到最佳的名次。據她當時憶述"我沿途已知自己的位置是排第四，臨近終點，我看見前面一位穿黑色長衣的男運動員的步伐開始越來越慢，我只要咬着牙關跑快點便可以超越他。但我當時心想，男女運動員的成績是分開計的，我辛苦超越他也是女子第四名，我不如輕輕鬆鬆跑過終點取得第四便算了。當我以第四名過了終點後，才發現前面穿黑長衣的男運動員其實是一位穿背心的埃塞俄比亞女運動員，我當時責怪自己，不是因為錯失了獎牌，而是因為我覺得自己沒有盡全力去比賽。這個教訓讓我體會到，做任何事都應該要盡全力，不要輕易放棄。"

一眾跑手在機場跑道上起步前一刻

跑手在機場跑道上的歡樂場面，遠處為機場瞭望台

今天同一位置已不可能作為馬拉松跑道了

頒獎主禮嘉賓（左至右）：時任田總主席高威林先生、渣打行政總裁戴維斯先生、時任財政司曾蔭權伉儷及田總會長湛兆霖先生

冠軍衝線的一剎，拿殊以 2 小時 13 分 09 秒的大會最佳時間完成。到 2012 年才由埃塞俄比亞的跑手阿里以 2 小時 11 分 27 秒所破

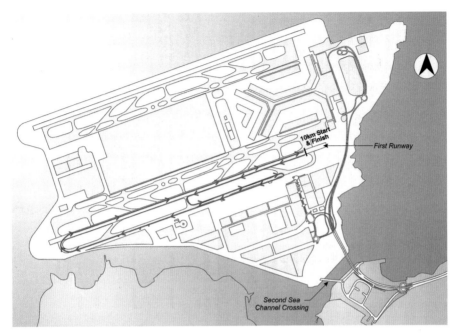

十公里路線圖

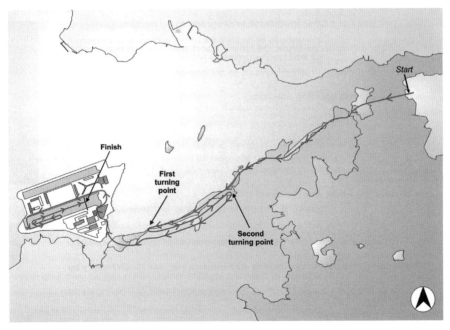

馬拉松路線圖

享負盛名的渣打香港國際馬拉松（1999 至今）

　　繼 1997 年、1998 年成功舉辦青馬大橋國際馬拉松及新機場國際馬拉松，還創新高峰吸引超過 6,400 多名選手參與長跑賽事，渣打銀行欣然繼續冠名贊助這場年中盛事。為着更吸引市民大眾參與長跑活動，"渣打馬拉松 1999" 首次在香港金融商業中心舉行，比賽分為馬拉松及十公里賽。"馬拉松" 於中環遮打道起跑，沿途經西區隧道、三號幹線，長青隧道、汀九橋，折回深水埗運動場作終點。香港繁華的景象、太平山山頂的怡人景色、維多利亞港的悠然都能在賽道上一一細賞，提高了這項賽事的吸引力，令來自世界各地及本港逾 7,000 名參加者都能享受比賽過程，更可欣賞香港大都會的風采。男子組冠軍由肯雅選手坦吉斯以 2 小時 17 分的成績奪得，而女子組冠軍則由中國選手鄭桂霞以 2 小時 36 分 52 秒奪得。

　　2000 年的賽道特色，是以著名的維多利亞港為背景。參賽者從尖沙咀文化中心出發，途經尖沙咀海濱公園、多個九龍公共屋邨，再度以深水埗運動場作終點。由於首次安排三項不同距離的賽事：馬拉松、半馬拉松及十公里，共吸引 7,154 名運動員參與賽事，再次打破參賽人數紀錄。該年男子組由肯雅選手尚華路以 2 小時 21 分 9 秒摘冠，而女子組由俄羅斯的莎花露華以 2 小時 46 分 59 秒奪冠。

　　2001 年的馬拉松比賽，以香港一條具有長跑歷史性的街道（彌敦道）為起點是最適當不過的了，賽道橫跨西九龍公路、途經青葵公路、長青隧道、青嶼幹線（包括青馬大橋及汲水門大橋），於汀九橋折返，運動員穿過西區海底隧道後，直入港島各街道，首次於香港會議展覽中心金紫荊廣場衝線，而參賽人數首次突破 10,000 大關。當年，男子組冠軍由埃塞俄比亞選手摯勞以 2 小時 23 分 21 秒的成績奪得，而女子組冠軍則由吉爾斯選手寶加高娃以 2 小時 33 分 43 秒奪得。

同辦亞洲馬拉松錦標賽

綜合過往五年舉辦賽事的經驗，香港於 2002 年首次同時舉辦第八屆亞洲馬拉松錦標賽。是次賽事在香港的體壇歷史添上光輝的一頁。賽事除有 24 個亞洲國家及地區參加外，更邀得超過六十多個其他國家參加。是次賽事引入多個獎項，其中最出色的要算是 "亞洲最快時間"。香港亦派出巫偉成、植浩星、伍麗珠及黎嘉慧應戰。最終，日本與中國選手分別包辦男女子組亞洲錦標賽冠軍。賽事總參賽人數達 13,000 人。當年，男子組冠軍由白俄羅斯選手馬多羅以 2 小時 16 分 7 秒的成績奪得，而女子組冠軍則由中國選手張淑晶以 2 小時 36 分 27 秒奪得。

2003 年渣打銀行為慶祝成立 150 週年，特設總獎金高達 10 萬美元。報名參加人數 18,500 名，是 1997 年的 18 倍。該年男子組由津巴布韋選手奇文沙沙以 2 小時 18 分 11 秒摘冠，而女子組由中國的孫偉偉以 2 小時 38 分 55 秒奪冠。

渣打馬拉松 2004 的報名人數突破了 24,000 人，而且是歷屆最寒冷的一次馬拉松比賽。不論對參賽者、義務人員、協辦團體及大會皆面對嚴寒的挑戰。當年，男子組冠軍由肯雅選手卡姆以 2 小時 17 分 17 秒的成績奪得，女子組冠軍則由丹麥選手卡好爾以 2 小時 42 分 19 秒奪得。

渣打馬拉松 2005 的參加人數再次打破歷屆紀錄，共有 31,330 名選手參加，渣打集團更全力贊助首屆 "全球最強之戰" 的國際體壇盛事，是次賽事成功將渣打集團於全球各地的四個馬拉松連繫起來，成為一個全球最大型的馬拉松賽事。最感榮幸的是，香港是四個馬拉松賽事的最後一站，該項賽事更吸引超過六十多個國家的馬拉松精英選手角逐該項殊榮。結果男子組冠軍由肯雅選手萊華柏以 2 小時 15 分 21 秒奪得，而女子組冠軍由中國的戴艷艷以 2 小時 34 分 41 秒奪得。同年，渣打馬拉松獲特區政府體育委員會譽為 "M" 品牌大型體育活動。

馬拉松及十公里路線圖（1999 年）

起步盛況

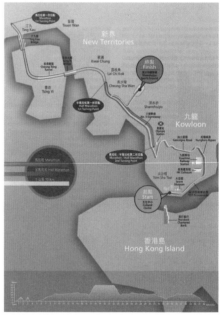

三項賽事路線圖（2000 年）

運動員在彌敦道起跑的一刻，起點橫拱門下可見到大會特別為第八屆亞洲馬拉松錦標賽而
設計的大會圖案（2002 年）

2003 年男子組冠軍奇文沙沙

渣打馬拉松 2006 於 2006 年 2 月 12 日舉行，吸引 40,174 名選手參加。2006 年是渣打馬拉松十週年的大日子，為慶祝這里程碑，渣打香港頒發超過港幣 14.4 萬元的獎金予擁有香港永久性居民的得獎者。該次的渣打馬拉松再度成為國際馬拉松挑戰賽"渣打馬拉松全球最強之戰"的最後一站，而我們香港隊亦在東北亞洲區勇奪第二名之佳績！當年，男子組冠軍由肯雅選手波爾以 2 小時 14 分 18 秒的成績奪得，女子組冠軍則由埃塞俄比亞選手東妮以 2 小時 35 分 15 秒奪得。

為慶祝香港回歸十週年，渣打馬拉松 2007 特別舉辦"香港回歸十週年挑戰盃"，並邀得 18 區區議會組隊參與。此外，更邀請各傳媒參與新舉辦的"傳媒挑戰盃"。有賴各區議會、傳媒及大眾的支持，2007 年的參加人數增至 43,056 人。香港已連續第四年成為"渣打馬拉松全球最強之戰"的終極賽站，當中更增設了獨一無二的"全球最強之戰"黃金接力賽事，因而吸引了更多高手前來挑戰。該年男子組冠軍由肯雅選手卡馬以 2 小時 17 分 3 秒奪得，而女子組冠軍亦由肯雅的雅嘉查以 2 小時 38 分 19 秒奪得。

2008 渣打馬拉松於 2008 年 2 月 17 日隆重舉行。十公里賽事移師香港島的全新賽道——東區走廊，而馬拉松和半馬拉松以維多利亞公園為終點，除了讓跑手能夠在較為寬闊的道路上作賽之餘，亦可讓更多觀眾能夠在最後兩公里夾道兩旁熱情地為挑戰者歡呼喝采，增添新鮮感及歡樂氣氛。2008 年的參賽人數亦創下歷史紀錄，達至 50,000 多人。而第十一屆"亞洲馬拉松錦標賽"再度於本港舉行，足證本港籌辦馬拉松比賽的水平獲得亞洲及國際的認同及讚許。與此同時，亦加入紀律部隊挑戰盃。

當年，男子組冠軍由日本選手福岡耕一郎以 2 小時 16 分 50 秒的成績奪得，女子組冠軍由北韓選手金宮玉以 2 小時 36 分 43 秒奪得。本港好手賴學恩亦以 2 小時 29 分 26 秒名列第 5 名，這成績亦令他獲選為 2010 年廣州亞運會的香港馬拉松代表。

渣打馬拉松參賽人數歷年來屢創高峰，大會將渣打馬拉松 2009 名額提高至 55,000 名，讓更多選手能一同參與這項香港體壇盛事。大會亦為賽事增設了多個新項目，包括領袖盃、十八區挑戰賽及最具創意服飾獎。領袖盃是為行政領導、各界領袖及名人而設，全程約兩公里。而最具創意服飾獎則鼓勵參加者發揮創意，以有趣方式推廣跑步及健康生活的訊息。該年男子組冠軍由肯雅選手西普里安以 2 小時 14 分 57 秒奪得，女子組冠軍亦由肯雅的雲尼以 2 小時 41 分 25 秒奪得。

渣打馬拉松 2010 於 2 月 28 日順利舉行，並得到超過 60,000 名跑手支持。該年之馬拉松賽事首次使用昂船洲大橋（八號幹線青衣至長沙灣段）。此舉不但能容納更多參賽人者，更讓他們在舒適的環境下享受比賽之樂趣。廣受歡迎之區議會盃、領袖盃、紀律部隊盃及最鼎力支持大獎等活動亦如往年一樣如常舉行。當年男子組冠軍再次由肯雅選手西普里安以 2 小時 20 分 12 秒的成績奪得，女子組冠軍則由印尼選手泰恩寧絲以 2 小時 47 分 35 秒奪得。

以"從心出發跑出信念"作口號，全城矚目的渣打馬拉松 2011 於 2 月 20 日順利圓滿舉行，報名人數高達 65,000 人，再一次打破歷年來的報名人數紀錄。賽事亦特別將全程馬拉松比賽起跑時間提早舉行，令一眾跑手於空氣清新及舒適之環境下發揮最佳狀態，爭取最佳成績。渣打馬拉松 2011 全程馬拉松賽事獎金增至 15 萬美元，吸引更多本地及海外精英運動員參加，令賽事被視為亞洲最矚目的馬拉松之一。

東區走廊上的十公里賽事（2008 年）

終點是維多利亞公園的勝利凱旋門（2008 年）

突破七萬名參加者

渣打馬拉松 2012 獲國際田聯認可為銅級道路賽事，總參加人數破紀錄達至 70,000 人！在男子全馬賽中，首七名衝線者皆打破 15 年來的賽事紀錄，來自埃塞俄比亞的跑手阿里以 2 小時 11 分 27 秒的驚人時間奪冠。女子全馬賽方面，同是來自埃塞俄比亞的跑手迪美絲以 2 小時 30 分 12 秒勝出。今年除首次試辦全程馬拉松輪椅賽及三公里輪椅賽外，中環區採用新賽道令跑手可一路沿途欣賞維多利亞港景色及新建成的新政府總部。

首獲國際田聯認可為銀級道路賽的渣打香港馬拉松 2013 於 2 月 24 日順利圓滿舉行。是屆第三次同場舉行亞洲馬拉松錦標賽，邀請了超過 44 個亞洲國家及地區的精英選手來港作賽，令賽事更受矚目。繼去年首次試辦馬拉松輪椅賽後，今年亦試辦了半馬拉松輪椅賽，參加人數多達 73,000 多人。

渣打香港馬拉松 2014 於 2 月 16 日舉行，賽事再次榮獲國際田聯認可為銀級道路賽，總參加人數維持 73,000 人，令賽事規模成為歷年之冠。另外，賽事的獎金總額增加至 30 萬美元，成功吸引了超過 60 個國家及地區的海外優秀跑手來港競逐獎項。大會亦繼續舉辦輪椅賽事（三公里及試辦十公里輪椅賽），進一步推動傷健及社區共融的精神。

渣打香港馬拉松 2015 於 1 月 25 日舉行，有多項倡議獲採納，包括首辦"少年跑"，吸引了五百位青少年首次參與這項體壇盛事，還首次推出"達標跑手優先報名"程序，讓 2014 年達標跑手在公開報名前有優先註冊機會。

賽事當日，大會提供即時空氣質素健康指數（AQHI）予跑手參考，這是首次在馬拉松賽事上發放的資訊，更為馬拉松歷史揭開新一頁。賽事於臨近終點區的賽道亦有所改動，跑手轉入軒尼詩道、怡和街再經糖街後，直接進入終點維多利亞公園。這段賽道不但受參賽者歡迎，更吸引不少途人為跑手打氣，為賽事增添不少氣氛。

2012 年三公里輪椅賽

2015 年比賽跑手從軒尼詩道轉入怡和街

2016 年二十週年起跑一刻

2016 年比賽中，跑手在彌敦道跑至亞皆老街路段，真正有市區跑的感受

　　2016 年是渣打香港馬拉松的 20 週年，更適逢奧運年，田總特別邀請過往曾代表香港參加馬拉松賽事的選手作為馬拉松大使，他們分別是 1984 年參與洛杉磯奧運的香港代表伍麗珠及長谷川遊子，2004 年參與雅典奧運的陳敏儀及 2016 年參與里約奧運的姚潔貞。這年田總亦獲得了國際田聯的金級道路賽事的認證，是田總一項新的成就。是年的賽道在政府各部門支持下，讓跑手可以在市區馬路從彌敦道一直跑至亞皆老街路段。比賽當天，天公不太造美，74,000 多名跑手在雨水、汗水、淚水下完成自己的馬拉松。

田總特邀過去 20 屆馬拉松本地冠軍出席，與跑手分享訓練與比賽經驗。圖為部分跑手與本屆特邀跑手在記者會上，前排左起第二人為賴學恩（7 屆香港馬拉松本地冠軍）、鍾仁貴、李嘉綸，後排右起第一人陳國蓮、周子匯、徐志堅

三位香港馬拉松奧運代表（左至右）：陳敏儀、姚潔貞及長谷川遊子，分別代表香港馬拉松不同年代的選手。他們一同分享在跑步歷程上的寶貴經驗

渣打香港馬拉松 20 年

第二部

競賽，跑向世界

第一章 香港長跑運動員
在國際體壇的表現

　　談到國際賽事，運動員都以能參加奧運會為榮，綜觀香港開埠至今，本地長跑運動員能參加奧運會的只有四名，分別是伍麗珠、長谷川遊子、陳敏儀及姚潔貞。倘若包括中距離跑及競走項目，曾參加奧運、亞運、英聯邦運動會的中長跑、馬拉松及競走等的，有以下選手。

參加奧林匹克運動會的香港馬拉松、中距離及競走代表（1952-2016）

奧運會		運動員姓名	參賽項目	成績
1964	東京	符德（Mike Field）	800 米	1:54.0
		符德（Mike Field）	1,500 米	4:02.6
		蘇錦棠	50 公里步行	5:07.53（第 31 名／34）
1984	洛杉磯	長谷川遊子（Gordon Yuko）	馬拉松	2:46.12（第 34 名／50）
		伍麗珠	馬拉松	2:42.38（第 31 名／50）
2000	悉尼	陳敏儀	5,000 米	16:20.4
			10,000 米	35:21.2
2016	里約熱內盧	姚潔貞	馬拉松	2:36.11（第 39 名／133）

　　除奧運會外，運動員當然希望能多參加其他國際運動會，其中尤其是亞洲運動會及英聯邦運動會。參加國際多項運動會，香港運動員都必須通過田總甄選及提名，然後交由港協批准及報名，才可以參加。

參加亞運會的香港馬拉松、中長跑代表（1954-2014）

亞運會		運動員姓名	參賽項目	成績
1986	漢城	長谷川遊子	3,000 米	9:31.25（第 5 名／11）
		長谷川遊子	10,000 米	34:27.77（第 5 名／7）
1990	北京	吳輝揚	馬拉松	2:28.23（第 10 名／18）
		李嘉綸	馬拉松	2:29.15（第 11 名／18）
1994	廣島	陳敏儀	1,500 米	4:39.81（第 12 名／13）
			3,000 米	9:58.04（第 9 名／10）
1998	曼谷	陳敏儀	5,000 米	16:26.03（第 6 名／12）
			10,000 米	34:39.44（第 6 名／8）
2002	釜山	陳敏儀	5,000 米	15:49.91（第 5 名／8）
			10,000 米	32:56.35（第 6 名／7）
2010	廣州	賴學恩	馬拉松	2:36.21（第 14 名／22）
2014	仁川	周子雁	馬拉松	2:58.34（第 15 名／16）

* 西維亞於 1954 年馬尼拉亞洲運動會男子 200 米中，為港奪得首面短跑銅牌。60 年後，香港男子 4×100 米接力（黎振浩／吳家鋒／蘇進康／鄧亦峻／徐志豪）於 2014 年仁川亞洲運動會為港奪得首面田徑接力銅牌。

參加英聯邦運動會的香港中長跑代表（1954-1994）

英聯邦運動會		運動員姓名	參賽項目	成績
1962	珀斯	符德	880 碼	1:57.60
1982	布里斯班	長谷川遊子	3,000 米	10:24.5
		楊世模	800 米	1:56.69
			1,500 米	4:06.64
1994	維多利亞	陳敏儀	1,500 米	4:26.95（第 12 名／16）
			3,000 米	9:37.1（第 12 名／17）

* 香港於 1997 年回歸中國後，退出英聯邦運動會。

第二章 五、六十年代：
華洋共處，互相砥礪

　　我們在第一部不難發覺香港長跑的發展史遠在戰前已經萌芽，因為殖民地統治的關係，長久以來都有來自英國不同單位的海、陸、空三軍駐港。他們講究嚴格紀律及體能，部隊除每年有自己的比賽外，同時亦會參加由田徑總會舉辦的賽事，這無形中給予本地華人跑手和外來高手切磋的機會。

奧運馬拉松跑手在香港

　　香港鄰近中國大陸，在文革前很多內地的長跑好手來香港比賽，其中最矚目的要算曾代表中國參加 1936 年柏林奧運會馬拉松比賽的上海跑手王正林。那屆冠軍是日本代表 Son Kitei（孫基禎），他以 2 小時 29 分 19.2 秒破奧運時間勇奪冠軍，王正林則只能以 3 小時 25 分 36.4 秒排第 40 名。孫基禎出身朝鮮，可惜當年朝鮮半島處於日治時代，他只能以日本代表團成員身分參加 1936 年的柏林奧運。而王正林曾於 1950 年來港，參加元旦國際長途賽跑，並成功擊敗兩名英軍好手奪得冠軍，為華人跑手爭光。[1]

　　另一位曾從內地來港比賽及訓練的，是曾代表中國參加 1948 年倫敦奧運會的樓文敖。1947 年上海運動會上，樓氏在 10,000 米跑以 32 分 38 秒的成績打破遠東運動會日本人工藤胖所創的 32 分 42.6 秒紀錄。隨後樓氏又先後以 31 分 56 秒及 31 分 27 秒的好成績再創 10,000 米個人最高紀錄。1948 年 4

1　《南華早報》，1950 年 1 月 3 日。

王正林參與香港舉辦的國際元旦長途賽跑，沿途萬人空巷

1948 倫敦奧運馬拉松比賽，202 號為樓文敖 [2]

月 12 日，備戰倫敦奧運會前，樓文敖和王正林曾來港練習，並從香港前往美國比賽備戰奧運。[3] 相信當時的本地長跑運動員一定獲益良多。在倫敦奧運會中，樓文敖分別參加了 5,000 米、10,000 米及馬拉松比賽。1950 年他應南華會邀請來香港，代表南華會與陸軍隊作對抗賽，並在 5,000 米比賽中以 15 分 54 秒奪標兼打破全國紀錄。[4] 可以想像戰後初期來港比賽的運動員水平都相當高，他們亦帶動了本地長跑運動的成長。

香港田徑運動員曾創長跑世界紀錄？

如果我說香港田徑運動員曾創立長跑的世界紀錄，相信很多人都會説我是癡人説夢，但實情是真的。在五、六十年代來港的英軍中，曾經有一名從英國來的海軍 Robert Henry Pape，他來香港之前在英國已經享負盛名，是一名出色的長跑好手，亦曾代表英國皇家海軍比賽。1955 年 6 月他跟隨部隊來港，隨即在香港參加不同的田徑賽事，在本地賽事中可説戰無不勝，讓本地

2　Janie Hampton, *London Olympics 1908 to 1948*（London: Shire Publications, 2011）.

3　《香港工商日報》，1948 年 3 月 19 日、4 月 13 日。

4　《香港工商日報》，1950 年 4 月 2 日。

跑手有不少學習機會，但他最為人津津樂道的賽事要算是在 1956 年 1 月所創下的 30 英里世界紀錄。

1956 年 1 月 5 日南華會加路連山道田徑場有一長跑賽事舉行，共有 5 人參加，當中包括 Robert Henry Pape、另一名海軍及南華體育會三名長跑好手歐頌星、李錦榮及王朗強。結果 Pape 以 2 小時 54 分 45 秒完成 30 英里的賽事，比當時的世界最佳時間 2 小時 57 分 48 秒快了超過三分鐘。華人跑手中只有王郎強能堅持到 25 英里，完成時間是 3 小時 2 分 47.1 秒。

Pape 在 1957 年 12 月隨部隊離港，在香港的兩年多時間內，曾代表香港田徑總會參加很多海外賽事，並在港期間刷新了全港的 3,000 米、5,000 米、10,000 米、3 英里及 30 英里的全港紀錄。回英國後他還熱衷於長跑運動，到 77 歲還堅持每天跑步。

Robert Pape 破紀錄跑的英姿（南華早報，1956 年 1 月 26 日）

Robert 在 Running over 40, 50, 60,70[5]…… 一書中的照片，70 多歲的他，風采不減當年

5　Bruce and Sue Tulloh, *Running over 40, 50, 60, 70….by* published by Tulloh Books 2015.

香港奧運選手

由於五十年代有很多內地長跑好手及從英國來的英軍高手，帶動了本地長跑的生命力，在 1964 年的東京奧運會，我們終於有了"自家製"的奧運跑手，雖然不是馬拉松跑手或長距離跑手，我們畢竟有一名中距離跑手及 50 公里的競步代表，他倆就是警察會的符德（Mike Field）和在市政事務署園務組工作的蘇錦棠先生。他倆雖然在奧運得不到任何獎牌或前列位置，但符德在 800 米以 1 分 54.0 秒打破了全港紀錄（他的紀錄要在 20 年後由他自己的弟子親自打破）及蘇錦棠在 50 公里排名 31，以 5 小時 7 分 53 秒完成賽事，已很難能可貴了。符德在八十年代專注培育本地中長跑訓練，香港馬拉松紀錄保持者 Paul Spowage 都是拜他門下，他亦是《南華早報》的特約體育記者，妙筆

由《星島日報》及《虎報》舉辦的環島競步賽，在香港大球場起步，路程環繞整個港島達 40 英里，第一屆是 1956 年，一直舉辦至 1966 年，1967 及 1968 年停辦了兩年。1969 年響應香港節再度舉辦，路程已縮短為 20 英里，當年深受競走者歡迎，最高參賽人數是 1961 年有 527 名男女競步健兒。圖為市民大眾在 1964 年港島競步賽為蘇錦棠沿途打氣

蘇錦棠（左）在 1964 年港島競步賽的英姿

老當益壯的蘇錦棠先生參與 2016 年港鐵競步賽後與田總要員合照。左起南華會元老、五十年代香港長跑好手陳劍雄先生；田總司庫黎廣超先生；蘇錦棠先生；田總會長毛浩輯先生；田總副會長張國強先生及田總主席關祺先生

生花，記下了香港八十到九十年代的田徑發展，（2017 年他便 80 歲，在南非德班（Durban）頤養天年）。至於蘇錦棠，他是六屆香港環島步行冠軍，曾於 1962 年至 1965 年蟬聯四屆，又於 1969 年及 1971 年香港節的 20 英里環島步行兩度奪標。1965 年之後他從市政事務署轉往消防處工作，主要負責文娛康樂活動，並參與足球裁判工作。他自謙"池中無魚蝦自大"，認為自己做政府工，工作比較穩定，有多些時間訓練。訓練基本上是自修的，很多時候都從書本上學習競步技巧，但從他的訓練經歷便知道確實成功非僥倖，天道酬勤。他説訓練時間多數是午夜才開始，基本上是坐電車去筲箕灣，然後行上柴灣道，經香島道去赤柱，然後經薄扶林道回上環，其刻苦，可見一斑。

　　1971 年的環島步行比賽之後，他指基本上已經沒有再參與比賽，直到 2016 年的港鐵競步賽，他已屆八十歲高齡，仍以優美的競步姿態完成 1 公里競步賽。

Mike Field（236 號）在南華會
1962 年全港錦標賽 1500 公尺
比賽時英姿

八十年代的 Mike Field（後排
右一）和他的門生

第三章　七十年代：國際賽的真空期

　　1964 年東京奧運之後，在 1968 年的墨西哥奧運、1972 年的慕尼黑奧運及 1976 年的蒙特利爾奧運，香港都沒有田徑代表參賽。1980 年的莫斯科奧運因為蘇聯入侵阿富汗，香港跟隨美國等大國沒有派隊參加該年的莫斯科奧運會。

　　七十年代的香港長跑，在國際比賽中可算是真空期，除了英軍中長跑好手吉遜（Dave Gibson）外，其他都乏善可陳。他在 1970 年至 1973 年期間隨英軍來港服役，他是一名機械工程師，駐守深水埗軍營。據他回憶，七十年代初期香港的中長跑成績不算突出，優勝者主要都是外籍人士。1972 年他在菲律賓國際邀請賽的 1,500 米比賽中以 3 分 55.6 秒奪冠，此紀錄至今還沒有人能夠打破。值得留意的是就讀於港島英童學校的何仕達在同場比賽中，以 4 分 2.4 秒奪得亞軍。同一個比賽的 5,000 米比賽中，他亦奪冠，為香港奪得兩面金牌。

　　1973 年吉遜又在韓國的第一屆亞洲友好田徑錦標賽中為香港奪得一面 1,500 米的銀牌。同年他更被田徑總會選為年度最佳運動員。吉遜在英國是一名出色的中長跑及越野賽高手，是英國越野賽的國家隊員，曾以 9 分 1 秒的佳績擁有歐洲青年 2 英里的紀錄。其 1,500 米最好成績是 3 分 45.3 秒、5,000 米是 13 分 53.3 秒。他那 3,000 米障礙賽的 8 分 49.4 秒成績，在 1965 年名列全英第二名。他原本希望能代表英國出戰 1968 年的墨西哥奧運，可惜在 1967 年後，他被徵召到東南亞服役，無緣參加奧運了。

吉遜的奪冠英姿

吉遜（中）在菲律賓國際邀請
賽頒獎前留影

　　除此以外當年還在求學時期的楊世模，曾代表香港參加 1975 年第二屆
亞洲田徑錦標賽，為香港的中長跑添上一點姿彩。

田總的週年頒獎禮年報亦紀錄了吉遜在菲律賓國際邀請賽的優異成績

現年 74 歲定居英國的吉遜，雄姿依舊，仍然樂在跑中

第四章 八十年代：巾幗不讓鬚眉

在八十年代雖有中距離跑手楊世模曾經代表香港參加 1982 年的英聯邦運動會、 1984 年的亞洲田徑錦標賽及 1985 年的世界室內田徑錦標賽，他還獲得田徑總會 1984 年的年度最佳男運動員。但是八十年代的香港長跑體壇中，最重要的歷史一頁應該是伍麗珠及長谷川遊子代表香港參加 1984 年的洛杉磯奧運會。這亦是歷史上香港首次有運動員代表香港參加奧運會的馬拉松比賽，標誌着香港女長跑運動員佔據香港長跑版圖的開始。

伍麗珠可説是大器晚成，在學界田徑場上未聞其名， 1977 年的香港馬拉松賽事應該是她初露頭角的時間。那一年的大熱門是大家耳熟能詳的長跑女健兒馮珊娜，出乎意料，石崗跑道上領前的竟然是名不經傳的伍麗珠。雖然她未能得到該次冠軍，但她在長跑壇上開始漸露頭角， 1979 年的香港馬拉松她終於得償所願，登上香港長跑會香港馬拉松后座，從此展開了她不一樣的長跑旅程。

她是香港馬拉松的三屆冠軍 (1979 年、 1980 年及 1982 年) ， 1990 年奪得女子先進組冠軍，成績是 2 小時 51 分 02 秒。在國際賽事上， 1984 年她除了作為洛杉磯奧運會香港馬拉松代表外，還以 2 小時 42 分 38 秒完成賽事，在 50 名選手中排名 31 ，實屬難能可貴。另曾代表香港參加 1995 年世界馬拉松錦標賽，亦是四屆亞洲馬拉松錦標賽香港代表，為 1994 年及 2000 年的亞洲馬拉松錦標賽的銅牌得主。

伍麗珠除自己熱愛長跑之外，亦常常指導及培育後輩，她的得意弟子羅

伍麗珠（左）和長谷川遊子（右）為香港創歷史性一刻，首兩位香港代表出戰 1984 奧運會馬拉松

1998 年參加新機場香港國際馬拉松

曼兒在九十年代成為她的接班人。羅曼兒是中長跑出身，800 米最好的成績是 2 分 20 秒。後來轉攻長跑，曾代表香港參加 1991 年及 1997 年的世界田徑錦標賽馬拉松賽事，1996 年世界半馬拉松錦標賽，她亦是 1996 年世界盃馬拉松錦標賽及 1997 年全國運動會的香港馬拉松代表。1992 年她在亞洲馬拉松錦標賽為香港奪得一面銀牌，亦是繼長谷川遊子之後，為香港取得第二面亞洲馬拉松錦標賽銀牌。同年更被田徑總會選為全港最佳女田徑運動員。她馬拉松最好的成績是 2 小時 47 分 20 秒。羅曼兒跟其師父一樣為人非常低調，當甚麼極地馬拉松還沒盛行的時候，她在 1999 年已經完成了撒哈拉沙漠的馬拉松，並在全球跑手中排名第四。

1997 年羅曼兒在上海參加全國運動會作香港馬拉松代表，比賽後她有感："比賽當日天氣非常炎熱，但大會水站的水供應不足，首 20 公里水站的

伍麗珠（左）與愛徒羅曼兒（右）一同參加 1997 年全國運動會

羅曼兒在 1992 年亞洲馬拉松錦標賽衝線及頒獎一刻

水已讓前面大批的運動員喝光了，甚至連獲邀運動員的自備飲品也給人喝光了。當時我十分口渴，唯有一邊跑一邊拾起前面運動員丟棄的水樽，飲用留在樽內的‘水尾’，就這樣，我一邊跑一邊快速彎腰拾水樽飲‘水尾’。幸好，20公里之後，水站供應足夠的水給運動員，我再不用彎腰拾水樽了。最後我在該比賽以2小時49分過終點，比賽令我體會到當遇到任何不如意事，要積極找辦法解決，不要將不如意事作為放棄的藉口。"

伍麗珠現在定居美國，弄孫為樂，2016年渣打馬拉松20週年的時候，田總曾誠意邀請她從美國回港，擔任馬拉松大使，但她婉拒了，貫徹低調淡薄虛名的個性。

跟伍麗珠不一樣，長谷川遊子在中學時期已經是一個出色的中距離跑手，年僅15歲她已能以2分28秒的好成績跑800米。相距中學13年後1979年她才正式開始訓練長跑，1980年是她第一個馬拉松，原本她打算只跑半馬拉松，但當在石崗完成兩圈後（半馬），發覺自己的步伐還輕鬆，便決定多跑兩圈，結果以3小時27分23秒緊隨伍麗珠，並獲得亞軍。

長谷川遊子是香港馬拉松的支持者，從1980年開始至1988年她幾乎每屆都參加，而且都名列前茅，1981年負於英國名將嘉芙，屈居第二，1982年被邀請到大阪參加當地首屆馬拉松，1983、1984年都分別奪得冠軍。1985年原本一直領前的她在最後150米被印度的跑手後來居上屈居第二，據她後來跟筆者說，其實那天她是帶病上陣的。

1986年長谷川遊子因母親過身沒有參加比賽，1987年的香港馬拉松，她以2小時38分30秒成為香港第一位女性馬拉松跑手能在2小時40分以下完成馬拉松。她的馬拉松紀錄到2004年才由陳敏儀在美國鹽湖城的馬拉松中以2小時35分49秒打破。

她曾對筆者說喜歡馬拉松的原因是喜歡那種到終點後不能再多走一步的

長谷川（後三者，中）的優美跑姿。賽事為 1986 年漢城亞運 3,000 米決賽，她以 9:31.25 得第五名

1985 年耶加達亞洲田徑錦標賽馬拉松勇奪銀牌

感覺！

　　筆者曾經和她一同參加 1982 年的布里斯本英聯邦運動會，她跑的是 3,000 米，比賽後成績可能差強人意，那天晚上看到她獨個兒在田徑場上不斷地跑，深想她是對自己要求高及會自我反省的運動員，他日一定不可同日而語。在國際體壇上她是唯一一個曾代表亞洲出戰世界盃田徑錦標賽的香港跑手，那年是 1985 年，同年她在亞洲田徑錦標賽取得一面馬拉松銀牌。1986 年她代表香港出戰漢城亞運會，並在 3,000 米及 10,000 米取得第五名的好成績。

　　她曾說比賽的壓力幾乎是難以忍受的，現在退下火線反而很嚮往以前那種感覺。長谷川遊子現今雖然不再代表香港比賽，但她仍然參加各種長跑比賽，2016 年田徑總會為慶祝渣打馬拉松 20 週年紀念，邀請她回港作馬拉松大使，她亦在 2016 年的渣打馬拉松參加了半馬拉松的賽事，並以 1 小時 42 分 35 秒完成。

　　在伍麗珠、長谷川遊子及羅曼兒的帶動下，九十年代孕育一輩很優秀的中長距跑手，當中包括黃鳳芬、高潔芳、趙碧君、李燕儀等人，而最為人熟悉的一定是陳敏儀了。

伍麗珠、長谷川遊子及黃鳳芬在廣島市參加 1985 年世界盃馬拉松

三位甜姐兒在起步前一刻（前左一至左三）

1995 年漢城女子國際道路接力賽，長谷川遊子及伍麗珠帶領黃鳳芬、李燕儀及余瑞雪和田總主席高威林先生合照。李燕儀在 1996 年所創 2:11.92 的 800 米紀錄至今還沒人打破

初出道時的陳敏儀（左四），跟隨大師姐羅曼兒（左三），眾師兄張文豪、李嘉綸、郭漢桂、吳輝揚出戰日本福岡亞洲越野錦標賽

闊別 18 載，長谷川遊子（左）與陳敏儀（右）一同應田總邀請回港，為 2016 年渣打香港馬拉松 20 週年出任馬拉松大使

陳敏儀長跑天后

在九十年代的長跑圈中相信沒有人沒聽過陳敏儀這個名字，這名天才橫溢的跑手，師承葉啟德教練，15 歲已經刷新了香港一英里的紀錄，是繼伍麗珠、長谷川遊子之後，第三名女子奧運長跑及馬拉松運動員。曾代表香港參加 2000 年悉尼奧運及 2004 年雅典奧運，以 2 小時 35 分 49 秒穩操奧運入場券，可惜在奧運前，患上應力性骨折，被迫放棄，實在可惜。她亦是三屆亞運代表，1994 年英聯邦運動會代表。她現在已經移居美國但仍保存 6 項香港田徑紀錄包括：1,500 米（4:21.60）；5,000 米（15:45.87）；一萬米（32:39.88）；1 英里跑（4:58.91）；3,000 米（9:14.00）。

第五章 男兒當自強，華人跑手人才輩出

　　伍麗珠及長谷川遊子的超優表現，的確為本地的男長跑手帶來很大的推動力。當年她倆參加本地的長跑賽事時，在男子公開組上很多時都名列前茅。這對當時一班男長跑運動員無疑是一種無形的鞭策。尤其是在 80 年代的長跑圈，除了一班英軍跑手外，還有一批從外國來港工作的長跑愛好者，他們的水平雖然不及 Bob Pape 及吉遜等的國際水平，但比本地長跑手的水平略高，這變成對本地好手一種可望而有可及的追逐力，在比賽上，互有輸贏。

　　因應長跑的普及，田徑總會亦同時大力推動長跑運動員參與國際賽。1984 年田徑總會就派出了首支香港越野賽代表隊參加國際田聯在紐約舉行的世界越野賽錦標賽。當年的隊伍包括了華人好手鍾華勝、黃葉礎、謝華興、陳耀南及黃健強，洋將就有 John Arnold、Tim Soutar、Jean Fasnacht 及 Paul Stapleton。比賽結果，在 238 名跑畢全程的跑手中，以洋將成績最好。名次分別是第 201（John Arnold）、第 204（Paul Stapleton）、第 210（Tim Soutar）、第 218（Jean Fasnacht）。華人代表分別得第 233、234、235、236 及 238 名，成績可說是差強人意。之後三年，田總都有派隊參加每年的世界越野錦標賽，但成績總是差強人意。從 1989 年開始，田總就改派每年香港越野錦標賽的冠軍參加世界越野錦標賽，這情況一直維持到 2004 年。

　　在這 20 年間，孕育出一批優秀的華人長跑好手，尤其在八十年代中後期，華人長跑高手輩出，當中包括了郭漢桂、黃葉礎、司徒寅、歐陽健文、韓銘權、黃仲文、李嘉綸，90 年代後期有蘇凱男、何海濤等人。當中以黃葉礎及郭漢桂成績最驕人，代表次數最多，分別是黃葉礎出戰 1984、1985 及

當時的越野賽及長跑高手都十分注重場地比賽，時為 1984 年一場本地 1,500 米賽事，聚集了當時最頂尖長跑手。領前白衣者是 John Arnold，紅衣者為 Jean Fasnacht，184 號跑手是 1978 年香港馬拉松冠軍 Steve Wright，178 號是 Paul Stepleton，最後 1128 號是 Tim Soutar

1987 年的世界越野錦標賽，郭漢桂則出戰 1985、1986、1987 年的世界越野錦標賽、1993 年世界道路接力賽、1994 年及 1995 年亞洲越野錦標賽香港隊制代表。郭漢桂在 1991 年創造 9 分 20.63 秒的 3,000 米障礙賽成績，到了 2012 年才由陳家豪以少 1.2 秒打破。黃葉礎當年跑出 32 分 01 秒的 10,000 米場地時間，至今肯定還是華人前列位置。但總體來說，香港選手和世界一級選手的水平距離還是相當大。所以田總從 2004 年開始，不再以每年香港越野賽冠軍成為必然代表，而是當某些運動員必須在國際田聯的排分表上達到一定水平，才考慮挑選他們參加。

首批華人代表參加 1984 年世界越野錦標賽。左起黃葉礎、黃健強、鍾華勝、謝華興及陳耀南在美國唐人街留影

黃葉礎、陳耀南與謝華興在比賽途中

郭漢桂於 1986 年世界越野錦標賽

1985 年里斯本世界越野錦標賽的香港隊。華人隊員有黃葉礎及郭漢桂，右邊蹲着的就是 Paul Spowage，香港馬拉松紀錄保持者，他在 1984 年的馬拉松時間 2:21.30 仍屹立至今，一眾本地長跑手還是遙不可及，Paul 現在在英國行醫。左五撟手望向鏡頭的是祈賦福，昔日銀禧體育中心的行政總裁，曾於 1983 年以 40 天時間完成北京至香港慈善長跑創舉。當年的教練是 Mike Field

1986 年香港隊代表：前排左起 Joe Crosley、司
徒寅、Keith Crawley、David Griffiths（領隊）；
後排 Mike Ellis、Mike Quinn、Paul Spowage、
郭漢桂、Aits Limbu 及 Jean Fasnscht。比賽結
果是 40 隊中排第 34，是歷年最好成績

1988 年紐西蘭的世界越野錦標賽的香港代表隊其中包括：黃仲文、趙碧君、Allison Robinson、
Sheila Purves 及長谷川遊子。其中 Sheila（前排右二）是一名物理治療師，長期專注國內的康復教
育及服務，2000 年獲英國頒 MBE 勳章

黃仲文，八十年代後期出色的華人長跑手，其馬拉松最佳時間是 2 小時 30 分，亦是 1986-1987 年度水塘盃越野賽冠軍、1987-1988 年及 1988-1989 年度大路之王。其 10 公里最快時間是 32:30

1992 年的波士頓世界越野錦標賽。郭漢桂憶述〝我同羅曼兒參加波士頓世界越野錦標賽，第一次跑雪地凍唔在講，雪地真係好鬼難跑。〞

雪地作賽的郭漢桂

蘇凱男（前）曾代表香港業餘田徑總會參加1999
年世界越野錦標賽青年組組別

何海濤曾代表香港參加2001年世界越野田徑錦
標賽

馬拉松健兒在亞運

　　雖然香港的男馬拉松跑手到現在為止還沒有一人曾代表香港參加奧運會，但在亞運會史上，1990 年的北京亞運會我們終於有了歷史性的突破，吳輝揚及李嘉綸分別代表香港參加北京亞運會的馬拉松賽事。其實在八十年代已經有幾位出色的馬拉松跑手，並嘗試衝擊 2 小時 30 分的大關，當中以余桂雄在 1984 年天津馬拉松創造的 2 小時 30 分 9 秒最為接近，亦是當時最快的華人跑手，後來植浩星在 1986 年的香港國際馬拉松以 2 小時 28 分 49 秒完成，成為首名突破 2 小時 30 分大關的華人。余桂雄及植浩星為人低調，沉默寡言，默默耕耘，貫徹一貫長跑者的性格，植浩星亦是 1997 年第 8 屆全國運動會的馬拉松香港代表。他以 2 小時 25 分 57 秒的成績完成，若在今天相信他是粉絲無數了。

　　吳輝揚及李嘉綸可以說是九十年代最有代表性的華人馬拉松跑手，吳輝揚更在 1992 年的港深馬拉松創造了 2 小時 24 分 51 秒的華人最佳時間，現時為止還是無人可及。他是 1991 年及 1993 年世界田徑錦標賽馬拉松代表，1991 年那屆他以 2 小時 34 分 26 秒排名第 32，1993 年那屆則以 2 小時 55 分 17 秒排名第 43。他亦曾代表香港參加世界盃馬拉松、亞洲馬拉松錦標賽等賽事。和吳輝揚一樣，李嘉綸曾代表香港參加國際田聯世界盃馬拉松及世界越野錦標賽等賽事，他的最好馬拉松時間是 2 小時 27 分 3 秒。其實那個年代能跑進 2 小時 30 分內的華人長跑好手還有一位，就是必達長跑會的鍾仁貴，其馬拉松最快時間是 2 小時 29 分 07 秒。

　　1990 年亞運之後的四屆都沒有香港馬拉松代表，直到 2010 年的廣州亞運會，賴學恩以他在第十一屆亞洲馬拉松錦標賽得第五名的優異表現，獲港協暨奧委會挑選代表香港參加 2010 年廣州亞運會馬拉松賽事項目。賴學恩可說是千禧年代香港最優秀的馬拉松跑手，曾經是七屆香港渣打馬拉松冠軍，他最好的馬拉松時間是 2 小時 28 分 38 秒。

吳輝揚（左一）與李嘉綸（右一）在 1990 年北京亞運開幕禮時留影

梁樹明（左）與吳輝揚（右）；梁樹明是第二屆
中國海岸馬拉松的冠軍

李嘉綸，馬拉松最快時間是 2 小時 27 分 3 秒

賴學恩，七屆香港渣打馬拉松冠軍　　　鍾仁貴，必達長跑會的中流砥柱，馬拉
　　　　　　　　　　　　　　　　　　松最快時間是 2 小時 29 分 07 秒

世界半馬拉松錦標賽

在千禧年代初期，田總都從每年的香港半馬拉松錦標賽的男子冠軍選
派參加國際田聯的世界半馬拉松錦標賽。可惜每次成績都差強人意，所以在
2005 年開始，運動員要達到指定的水平才有機會被挑選參加，其中就有陳家
豪在 2009 年以 1 小時 09 分的佳績被挑選參加 2009 年國際田聯的世界半馬拉
松錦標賽，其後紀嘉文更以 1 小時 06 分 39 秒的優越成績被挑選參加 2012 年
度的賽事。陳家豪及紀嘉文都是 80 後的跑手，是近十年間最優秀的中長跑跑
手。紀嘉文現時是場地 10,000 米（30 分 53.6 秒）、15 公里（48 分 15 秒）及
半馬拉松（1 小時 06 分 39 秒）的香港紀錄保持者，而陳家豪是 3,000 米障礙
賽的紀錄保持者（9 分 19.43 秒）。兩人都是師承荃灣田徑會張志華教練門下。
荃灣田徑會成立於七十年代中期，創會成員包括中距離好手澳洲籍的 Graham

陳家豪

紀嘉文

Smith，會員包括馬拉松名將余桂雄、植浩星及中長跑好手郭漢桂、黃葉礎、韓銘權等，是當時長跑圈中實力最強的華人長跑會。韓銘權曾是荃灣田徑會主席，在 2004 年因病離世。現在荃灣田徑會每年舉辦的主席盃黃昏城門水塘長跑賽，就是紀念這位英年早逝的跑手。

第六章 江山代有才人出

　　男跑手方面，近年最出色的應該算是必達長跑會的徐志堅。和荃灣田徑會一樣，必達長跑會在 1980 年也是長跑界的中流砥柱，會中高手如林：吳輝揚、李嘉綸、黃仲文、梁樹明及鍾仁貴等粒粒皆是長跑巨星。徐志堅在 2015 年亞洲馬拉松錦標賽中以 2 小時 34 分 31 秒的成績在 16 名跑手中名列第 8 名，成功成為香港體育學院精英運動員，他現在全職訓練，並在 2015 年 9 月在柏林馬拉松跑出 2 小時 29 分 45 秒的成績，成為本港第六名華人長跑好手能在 2 小時 30 分來完成馬拉松。他沉默寡言，能耐苦訓練，在張振興伉儷書院就讀時，已經每天都在歌連臣角道上奔馳。屈臣氏田徑會跑手鄧文華亦於 2016 年 4 月在南韓新萬金國際馬拉松中，創下 2 小時 29 分 56 秒的成績，成為第七位香港華人跑手在 2 小時 30 分內完成馬拉松。假以時日，這兩名年輕跑手不難成為首位躋身奧運的香港男長跑手。

　　繼陳敏儀之後亦相繼出現了好幾名優秀的女長跑好手，當中包括了黎嘉慧、范瑞萍、黃少萍及周子雁等人。她們都曾代表香港參加亞洲馬拉松錦標賽，黎嘉慧更曾代表香港參加第九屆全運會暨北京國際馬拉松；周子雁則在 2010 年的亞洲馬拉松錦標賽以 3 小時 1 分 22 秒在 8 名跑手中名列第三，是繼長谷川遊子、伍麗珠及羅曼兒之後，第四名女子運動員在亞洲馬拉松錦標賽中奪得獎牌。

　　環顧現今長跑界，最熠熠耀目的當然是姚潔貞，和其他出色的馬拉松跑手一樣，她是從中距離跑開始，跟陳敏儀一樣師承葉啟德教練。原本她專注 3,000 米障礙賽，並曾代表香港參加亞洲田徑錦標賽。從 2015 年開始，她放

徐志堅在跑道上的英姿　　　　　　　　周子匯在跑道上的英姿

棄了護士工作，全職投入訓練務求爭取 2016 年巴西里約熱內盧奧運入場券。田徑總會亦特意安排日籍教練村尾慎悦，替她度身訂下兩年訓練計劃，成效立見。首先在 2015 年 5 月的捷克馬拉松中，她以 2 小時 38 分 24 秒成功達到了奧運馬拉松的標準，是第四名代表香港參加奧運的馬拉松跑手。姚潔貞這兩年馬不停蹄地出外訓練及比賽，分別參加了 2015 年世界田徑錦標賽及 2016 年世界半馬拉松錦標賽，她現時擁有 4 個香港紀錄，分別是：女子 3,000 米障礙賽（10 分 25.81 秒）、道路十公里跑（33 分 52 秒）、15 公里道路賽（51 分 54 秒）、半馬拉松賽（1 小時 12 分 57 秒）。

2016 年 8 月 14 日，姚潔貞現身於里約奧運馬拉松的舞台。在 133 名完成比賽的選手中她名列 39，是整個亞洲區的第七名，亦是大中華區的第一人完成比賽。她那 2 小時 36 分 11 秒的成績比陳敏儀的香港最快時間 2 小時 35 分 49 秒，只相差 22 秒。

周子匯（右二，1066 號）在仁川亞運馬拉松起
跑前一刻，結果她以 2 小時 58 分 34 秒完成賽
事

鄧文華於 2016 年的韓國新萬金國際馬拉松

姚潔貞在 2016 IAAF 世界半馬拉松錦標賽衝線
一刻，她以 1 小時 14 分 19 秒完成，是亞洲選
手中第 5 名完成賽事

姚潔貞和她的師傅村尾教練

里約奧運馬拉松，村尾教練沿途向姚潔貞提供飲料補充及現場提點

不負眾望，姚潔貞以全場第39名衝線

2015 IAAF 世界馬拉松錦標賽，她以 2 小時 43 分 28 秒在 67 名選手中排名第 32 完成賽事

小結

　　長跑及馬拉松比賽在本港深受歡迎，在普及化方面相當成功，但運動員的水平提升似乎仍是裹足不前，男運動員尤其明顯。到目前為止，能在 2 小時 30 分內完成馬拉松賽事的華人跑手，只有七名，前三名都在九十年代前創造（參看附表一）。香港的男跑手真的要加倍努力了。

　　香港女馬拉松運動員的水平基本上比男運動員優勝。除了我們已有四名女運動員代表香港參加奧運馬拉松外，能夠在 2 小時 50 分內完成馬拉松的華人女跑手就有 8 人，的確是獨撐半邊天。

附表一

歷年來能在 2 小時 30 分內完成賽事的香港男馬拉松運動員

運動員	成績	年份
Ted Turner	2:17:27	1983
Paul Spowage	2:21:10	1984
吳輝揚	2:24:51	1992
Keith Cawley	2:25:35	1986
植浩星	2:25:57	1992
Tim Soutar	2:26:12	1986
李嘉綸	2:27:17	1989
Roberto De Vido	2:27:26	1996
Stefano Passarello	2:28:12	2009
Steve Wright	2:28:47	1987
賴學恩	2:28:38	2010
鍾仁貴	2:29:07	1989
徐志堅	2:29:45	2015
鄧敏華	2:29:56	2016

附表二

歷年來能在 2 小時 50 分內完成賽事的香港女馬拉松運動員

運動員	成績	年份
陳敏儀	2:35:49	2004
姚潔貞	2:36:11	2016
長谷川遊子	2:38:32	1987
伍麗珠	2:45:36	1989
周子雁	2:46:10	2015
羅曼兒	2:47:20	1992
Christine Double	2:47:40	2003
Michelle Lowry	2:48:17	2013
范瑞萍	2:49:08	2008
黎嘉慧	2:50:30	2002

附表三

過去 30 年本港馬拉松男跑手的首三位排名及成績

年份	第一名成績	名字	第二名	名字	第三名	名字
2016	2:29:56	鄧敏華	2:31:32	徐志堅	2:33:08	Miles Ashley
2015	2:29:40	徐志堅	2:33:23	鄧敏華	2:36:46	Stefano Passarello
2014	2:35:00	徐志堅	2:36:50	Stefano Passarello	2:39:01	黎可基
2013	2:30:57	溫耀昌	2:33:39	賴學恩	2:37:11	黎可基
2012	2:28:18	Thomas Kiprotich	2:34:32	賴學恩	2:35:11	黎可基
2011	2:30:34	賴學恩	2:34:31	Stefano Passarello	2:35:39	黎可基
2010	2:28:38	賴學恩	2:35:35	黎可基	2:35:40	溫耀昌
2009	2:28:12	Stefano Passarello	2:32:06	賴學恩	2:32:39	Naylor Andy
2008	2:29:17	賴學恩	2:34:32	William Mark	2:36:42	劉廣文
2007	2:33:13	賴學恩	2:38:26	Veneziani Roberto	2:38:41	劉廣文
2006	2:33:06	Andrew Naylor	2:33:27	賴學恩	2:35:44	吳金帶
2005	2:33:57	Mark William	2:37:24	Andrew Naylor	2:37:26	賴學恩
2004	2:31:02	Mark William	2:35:42	賴學恩	2:39:49	鍾仁貴
2003	2:36:45	伍學明	2:36:50	朱偉添	2:37:01	胡其佳
2002	2:31:54	Kjeld Dissing	2:36:45	Michael Capper	2:37:22	巫偉成
2001	2:33:40	巫偉成	2:34:55	植浩星	2:36:40	何海濤
2000	2:34:21	Kjeld Dissing	2:37:23	何海濤	2:39:33	巫偉成
1999	2:36:34	植浩星	2:38:15	巫偉成	2:39:04	李嘉綸

年份	第一名成績	名字	第二名	名字	第三名	名字
1998	2:33:55	鍾仁貴	2:34:42	植浩星	2:34:59	李嘉綸
1997	2:34:20	李嘉綸	2:34:41	植浩星	2:42:12	Ho Kam Fuk
1996	2:27:26	Roberto de Vido	2:34:43	李嘉綸	2:36:08	馮宏德
1995	2:31:50	Roberto de Vido	2:35:32	李嘉綸	2:38:21	Fung Tze Man
1994	2:25:04	吳輝揚	2:27:25	李嘉綸	2:28:22	Lam Weng Hei
1993	2:29:19	李嘉綸	2:33:43	吳輝揚	2:34:19	張文豪
1992	2:24:51	吳輝揚	2:25:57	植浩星	2:31:35	張文豪
1991	2:27:12	植浩星	2:29:26	吳輝揚	2:29:49	李嘉綸
1990	2:26:53	吳輝揚	2:27:03	李嘉綸	2:33:28	黃志深
1989	2:27:17	李嘉綸	2:27:25	吳輝揚	2:29:07	鍾仁貴
1988	2:30:24	Tim Soutar	2:30:30	Tim Soutar	2:31:37	植浩星
1987	2:27:36	Tim Soutar	2:28:39	植浩星	2:28:42	Steve Wright
1986	2:25:35	Keith Cawley	2:25:42	Paul Spowage	2:26:12	Tim Soutar

附表四

過去 30 年本港馬拉松女跑手的首三位排名及成績

年份	第一名成績	名字	第二名	名字	第三名	名字
2016	2:36:11	姚潔貞	2:52:43	周子雁	2:59:07	Michelle Lowry
2015	2:38:24	姚潔貞	2:47:17	周子雁	3:00:45	陳潔儀
2014	2:52:50	Michelle Lowry	2:53:15	Jane Richards	2:57:37	陳佩珊
2013	2:48:17	Michelle Lowry	2:52:56	周子雁	2:57:52	范瑞萍
2012	2:48:30	周子雁	2:55:40	范瑞萍	2:58:18	江鳳仙
2011	2:52:24	周子雁	2:53:25	Michelle Lowry	2:55:01	范瑞萍
2010	2:53:01	黃小萍	2:53:51	周子雁	2:54:46	江鳳仙
2009	2:54:41	范瑞萍	2:55:01	梁婉芬	2:57:05	李雪非
2008	2:49:08	范瑞萍	2:54:27	黃小萍	2:56:57	梁婉芬
2007	2:55:18	黃小萍	3:03:18	范瑞萍	3:14:02	黎嘉慧
2006	2:57:19	范瑞萍	2:58:35	黎嘉慧	3:00:34	梁婉芬
2005	2:57:01	黎嘉慧	3:06:53	黎玉琦	3:07:22	黃小萍
2004	2:35:49	陳敏儀	2:48:43	Christine Double	2:55:07	黎嘉慧
2003	2:47:40	Christine Double	2:55:10	黎嘉慧	2:58:31	Gillian Castka
2002	2:37:52	陳敏儀	2:50:30	黎嘉慧	3:08:10	伍麗珠
2001	2:51:48	Christine Double	2:53:43	黎嘉慧	2:58:59	伍麗珠
2000	2:53:47	Christine Double	3:00:22	伍麗珠	3:00:23	黎嘉慧

年份	第一名成績	名字	第二名	名字	第三名	名字
1999	2:55:46	伍麗珠	2:59:10	Gillian Castka	3:05:17	黎嘉慧
1998	2:54:05	伍麗珠	2:57:23	羅曼兒	3:06:04	Altegeld Heidi
1997	2:49:30	羅曼兒	2:54:56	伍麗珠	3:41:08	So Suk Fun
1996	2:49:01	羅曼兒				
1995	2:55:25	長谷川遊子	2:56:07	伍麗珠	3:15:42	Cho Yee Wah
1994						
1993	2:47:41	伍麗珠	2:55:01	羅曼兒	2:55:55	Hintz Elizabeth Lynn
1992	2:47:20	羅曼兒	2:52:59	Lucy Ramwell	2:54:26	伍麗珠
1991	2:51:24	Gillian Castka	2:52:54	羅曼兒	2:59:00	黃鳳芬
1990	2:50:09	羅曼兒	2:51:02	伍麗珠	2:58:47	黃鳳芬
1989	2:45:36	伍麗珠	3:06:05	Rita Wong	3:07:11	Lau Shuk Yi
1988	2:51:37	長谷川遊子	3:02:00	Veronica Thresh	3:12:28	高鳳玲
1987	2:38:32	長谷川遊子	2:52:41	黃鳳芬	2:56:03	Alison Robinson

第三部

全民長跑熱

大家有看過電影《阿甘正傳》(*Forrest Gump*) 嗎？

"That day, for no particular reason, I decided to go for a little run. So I ran to the end of the road. And when I got there, I thought maybe I'd run to the end of town. And when I got there, I thought maybe I'd just run across Greenbow County. And I figured, since I run this far, maybe I'd just run across the great state of Alabama. And that's what I did. I ran clear across Alabama. For no particular reason I just kept on going. I ran clear to the ocean. And when I got there, I figured, since I'd gone this far, I might as well turn around, just keep on going. When I got to another ocean, I figured, since I'd gone this far, I might as well just turn back, keep right on going." – Forrest Gump

還記得他不斷不斷地跑着，也不斷不斷地引來更多更多的追隨者，這或許正正道出長跑運動在七十年代的美國興起。當紐約馬拉松在 1976 年由郊區轉至市中心舉辦，立即吸引眾多跑手參加，長跑火熱，一發不可收拾。據估計，在 1976 年全美參與馬拉松跑人士有 2.5 萬人，到 1980 年達 14.3 萬人，四年間增加了 5.7 倍！1990 年達 22.4 萬人次，千禧年有 35.3 萬人次完成馬拉松，到了 2014 年的歷史性新高，達 550,637 人次，全年有 1,100 場馬拉松比賽。參加人數多了但整體成績卻下降了，1980 年男跑手平均完成時間是 3 小時 33 分 17 秒，女跑手是 4 小時 03 分 39 秒；2014 年，男、女跑手平均完成時間分別是 4 小時 19 分 27 秒及 4 小時 44 分 19 秒。平均參賽年齡亦從 34 及 31 歲增加至 40 及 36 歲。[1]

這個長跑風氣，在八十年代由潘尼亞 (Andy Blunier) 帶來香港，改變了由戰後到七十年代由民間體育組織舉辦的長跑賽事。如第一章所述，由中國健身會等民間組織主辦的元旦國際長跑，每年參加的人數最多只有幾百人。那年代，大部分人都要為口奔馳，哪有時間做運動強身健體。

1　http://www.runningusa.org/marathon-report-2015?returnTo=annual-reports

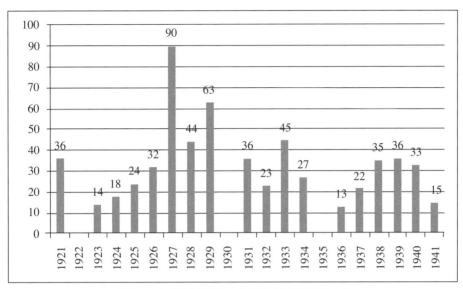

戰前聖安德烈教堂主辦的九龍長途賽跑歷屆參與人數

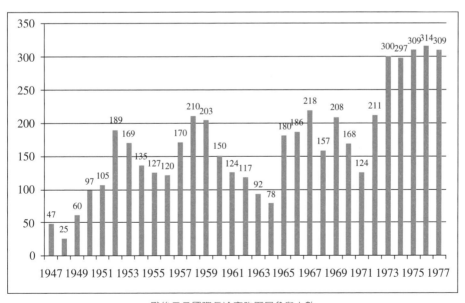

戰後元旦國際長途賽跑歷屆參與人數

潘尼亞當時舉辦的水塘盃、大路之王的確吸引了一班長跑好手，但畢竟都是那羣長跑發燒友，每次比賽參與的亦不過是幾百人，未能遍地開花，就以在北潭涌舉行的中國海岸馬拉松及長跑會的香港馬拉松為例，每年參與者都是訓練有素的跑手，人數最多只是幾百人。

直至香港渣打馬拉松出現，參與人數由最初的千餘人至 2016 年 7.4 萬個參賽名額瞬即額滿，長跑熱可說是真正遍地開花。2015 年全港有大大小小共 118 場長跑賽事，同一週日同時有三場比賽已是常態。高峰期試過六場賽事同日舉行！長跑發燒友馬不停蹄地游走各項賽事，同時熱門的比賽多數都很容易額滿見遺，就以田總所舉辦的 Asics 10K、Nike 女子 10K、Brooks 15K、美津濃半馬及渣打馬拉松為例都瞬即爆滿，亦只能容納 8.8 萬名跑手／人次參與，向隅者相信為數不少。

這現象，在世界各地也一樣。以海峽兩岸為例，馬拉松跑在內地如雨後春筍，2011 年全國馬拉松賽事僅有 22 場，2012 年為 33 場，2013 年為 39 場，2014 年增至 51 場，2015 年，經中國田協認可的道路賽事已達 118 場，馬拉松比賽的就有 49 場，當中包括國際田聯的金標賽事北京馬拉松、廈門國際馬拉松、上海國際馬拉松、揚州國際馬拉松及銀標賽事東營馬拉松及銅標賽事蘭州馬拉松，全年參與人數達 150 萬人次。2015 年，全球便有 5,069 場次馬拉松賽事，參加人數達 2,126,512 人（Association of Road Racing Statistician）。[2] 單是國際田聯的金章、銀章、銅章賽事，2015 年就有 91 場賽事！同時國際田聯亦規定申辦世界盃馬拉松錦標賽的城市，必須同時舉辦一場羣眾可參與的半馬拉松賽事，就以在英國卡迪夫（Cardiff）的 2016 年世界半馬拉松錦標賽為例，世界錦標賽同場加設了羣眾參與的半馬拉松比賽，吸引了多達二萬名長跑愛好者參加，錦標賽更由卡迪夫大學冠名贊助，世界錦標賽與推廣長跑文化連成一線，達至全民健身效益。同時又推動當地文化及旅遊，馬拉松所帶來的效益，真的不容忽視。

---

2 http://www.arrs.net/MaraList.htm

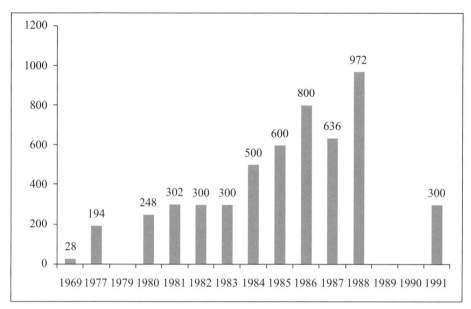

第一屆香港國際馬拉松及香港長跑會歷屆馬拉松參與人數

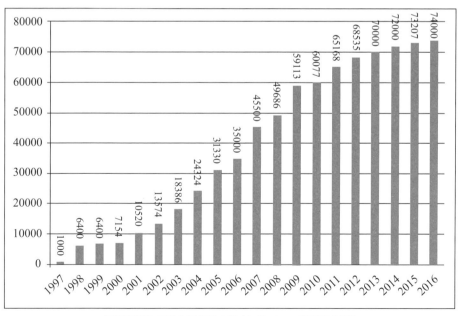

歷屆香港渣打馬拉松參與人數（包括 10K、半馬及全馬）

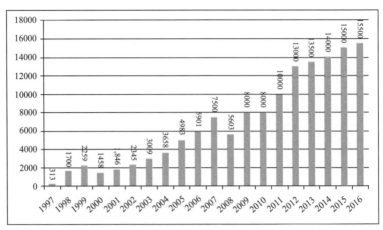

歷屆香港渣打馬拉松全馬參與人數

　　田總舉辦長跑賽事的其一目標，是提高市民大眾參與長跑運動的樂趣，普及全民健身。康文署於 2012 年的體質檢查報告指出，若按世界衛生組織建議，18 至 64 歲成年人應每週進行最少 150 分鐘中等強度的帶氧體能活動，或最少 75 分鐘劇烈強度的帶氧體能活動，或相等於混合兩種活動模式的時間，而達到這指標的中年人士只有 28.5%。香港中文大學香港亞太研究所於 2015 年 12 月 28 日至 30 日晚間進行電話訪問，成功訪問了 723 名 18 歲或以上的市民，經常做運動的有 32.1%，他們每星期平均的運動時數為 3.9 個小時，跑步是受訪市民最經常做的運動，佔 43.9%。但部分受訪者是半年內沒有做任何運動的。細水長流、持之以恆的運動習慣是要慢慢建立的。同時對有興趣長跑的人士，提供正確的訓練方法也是非常重要的。

　　田總在 2009 年開始，每年都舉辦為期 12 週的馬拉松訓練班，訓練班的目的不單希望學員能完成賽事，而是透過持之以恆的長跑訓練，達致強身健體的目標。所以訓練班在開班前，會為班員測試一系列的健康指標，當學員完成 12 週訓練後，指標會重做一次，令學員明白長跑的好處。從 2009 年至今，參與班員超過 3,000 人。田總又從 2011 年開始，和康文署合辦 18 區長跑訓練班，將長跑的好處帶到每一個社羣。

田徑總會舉辦的馬拉松訓練班內容包括講座、預防受傷工作坊

身體質素評估

健康指標評估

各式測試

各式訓練

175

第四部

馬拉松的經濟效益

馬拉松帶來的經濟效益實在不容忽視。眾所周知，跑手都嚮往參與的世界六大馬拉松比賽——東京、波士頓、倫敦、柏林、芝加哥和紐約。因為備受全球矚目，當中的贊助、宣傳、電視轉播和相關的消費跟行業發展，經濟效益可達數億港元。以歷史最悠久的波士頓馬拉松為例，2015 年度的波士頓馬拉松超過 3 萬名跑手參與，當中包括 5,405 名來自 86 個國家地區的跑手，賽事亦吸引了超過 1,200 名媒體工作者前來採訪，為波士頓區帶來超過 1 億 8 千 190 萬的經濟效益。當中跑手的直接消費估計達 1 億 180 萬美元！[1] 消費力實在驚人，相信香港也一樣，就以 2016 年渣打馬拉松為例，海外參與選手達 8,101 名，若參考旅遊發展局過境旅客人均消費 7,960 港元為依歸，[2] 渣打馬拉松就為香港旅遊業製造 6,448 萬進賬！怪不得所有城市都渴望擁有自己品牌的馬拉松。

長跑熱興起，不僅帶動當地旅遊及經濟，亦為運動廠商提供無限商機，跑步鞋就是一個好例子。從俗稱"白飯魚"的布鞋到日新月異的跑步鞋，都見證着跑步鞋設計上的變異。從開始較注重緩衝、減震（cushioning）、調節及穩定腳着地時重心點滑行軌跡（motion control），到最近流行的赤足鞋跑（minimalist footwear）。根據美國全國體育用品總會 2014 年發表的年報，2013 年度跑鞋銷售量達 4,625 萬對，總值 3.09 億美元！跑步衣着的銷售量則達 1.07 億美元。[3]

馬拉松熱的其中一個得益者，相信是那羣頂尖的世界級跑手。以 2015 年度為例，全球所有長跑賽事的獎金就高達 23,785,703 美元。而 2016 年度最快的馬拉松跑手肯雅的基普喬格（Eliud Kipchoge）便個人獨取了 70.7 萬美元。事實上從 1994 年開始，肯雅長跑手一直是馬拉松賽事的大贏家，從 1994 年

1　http://www.baa.org/news-and-press/news-listing/2015/april/2015-boston-marathon-will-mean-181-million-for-greater-boston-economy.aspx

2　http://www.discoverhongkong.com/tc/about-hktb/annual-report/annual-report-20142015/tourism-performance/#tourismExpenditure

3　http://www.runningusa.org/2014-running-industry-report?returnTo=annual-reports

的 786,665 美元獎金到 2015 年，肯雅選手一共瓜分了 5,243,219 美元獎金。而各馬拉松賽事主辦當局，為了吸引最頂尖的跑手前來參賽亦分別將獎金不斷提高，以下附表是過去十年最高獎金的馬拉松賽事，其中在 2008 年至 2012 年度的渣打杜拜馬拉松每年的獎金便高達 100 萬美元。而史上最高獎金的馬拉松賽事是 2002 年的芝加哥馬拉松，獎金高達 1,146,200 美元。[4] 除此以外這批頂尖跑手亦是很多運動品牌的代言人，獲得非常可觀的贊助費。

表一

年度馬拉松總獎金分佈

年份	總獎金（美元 $）	男	女
2016	22,905,048	11,927,779	10,977,269
2015	23,785,703	12,392,169	11,393,534
2014	23,913,214	12,670,024	11,243,190
2013	23,860,955	12,553,735	11,307,220
2012	24,985,970	13,227,637	11,758,333
2011	24,726,874	13,303,445	11,423,429
2010	23,763,391	12,680,245	11,083,146
2009	24,290,220	13,738,245	10,551,975
2008	22,058,627	11,762,905	10,295,722
2007	19,704,419	11,012,747	8,691,672
2006	15,493,698	8,010,524	7,483,174

---

4 http://www.arrs.net/PMD_Mara.htm

表二

年度馬拉松獎金前三名跑手國家分佈（欠第三名獎金資料）

年份	代表國家	第一名獎金（美元 $）	代表國家	第二名獎金（美元 $）	代表國家	第三名獎金（美元 $）
2015	肯雅	5,243,219	埃塞俄比亞	2,781,295	美國	1,957,720
2014	肯雅	5,959,574	埃塞俄比亞	2,660,795	美國	1,950,025
2013	肯雅	5,316,095	埃塞俄比亞	3,335,010	美國	1,451,795
2012	肯雅	6,760,734	埃塞俄比亞	2,822,130	美國	1,489,255
2011	肯雅	7,039,455	埃塞俄比亞	2,264,970	美國	1,362,080
2010	肯雅	5,793,885	埃塞俄比亞	2,980,705	美國	1,417,605
2009	肯雅	6,225,940	埃塞俄比亞	2,943,768	美國	1,736,192
2008	肯雅	6,016,892	埃塞俄比亞	1,748,856	美國	1,241,688
2007	肯雅	6,082,352	美國	1,232,688	埃塞俄比亞	942,375
2006	肯雅	3,685,525	美國	1,046,071	埃塞俄比亞	963,603

表三

年度最高馬拉松獎金賽事

年份	馬拉松賽事	總獎金（美元 $）
2015	杜拜渣打馬拉松	800,000
2014	杜拜渣打馬拉松	808,170
2013	杜拜渣打馬拉松	800,000
2012	杜拜渣打馬拉松	1,000,000
2011	杜拜渣打馬拉松	1,000,000
2010	杜拜渣打馬拉松	1,000,000
2009	杜拜渣打馬拉松	1,000,000
2008	杜拜渣打馬拉松	1,000,000
2007	LaSalle Bank 芝加哥馬拉松	559,750
2006	LaSalle Bank 芝加哥馬拉松	983,500

長跑與贊助

　　舉辦一場長跑賽事，報名費一般都不足以應付活動成本所需，以戰前首屆全港華人長途賽跑為例，報名費三角，還不足以應付開支，獎品還有賴紳商捐助。1969 年的首屆香港國際馬拉松亦有賴《天天日報》贊助五萬元才能成事。之後長跑會舉辦的香港馬拉松亦依賴商業贊助，才能邀請海外好手來港參加。田總曾因缺乏贊助，未能舉辦 1994 年及 1995 年的港深馬拉松，畢竟政府資助有限，總會本身亦未足夠營運基金去支付各項開支。早期商業機構的參與，都以禮品贊助，因此往往資源有限，無論宣傳以及比賽吸引度都會相對較低。但隨着長跑熱起，跑步賽事蔚然成風，體育品牌或商業機構都意識到長跑是一個極佳的平台去打造自己的品牌，冠名賽事贊助亦隨之流行，並做到三贏局面——品牌、賽事及參加者都能夠各取所需。近年不難發現各式各樣的商業機構都積極參與贊助運動賽事，尤其本地長跑比賽更是屢見不鮮，最廣為人知的絕對非渣打香港馬拉松莫屬。

　　全球大型運動產品公司耐克（Nike）曾聘用超過 62,600 名員工，2015 年全球銷售量額達 30.6 億美元，而另一運動品牌愛迪達（Adidas）在 2015 年全球銷售額亦達 16.915 億歐元，是 2000 年的 2.9 倍。[5] 運動產品的確是一門吸金能力高的消費行業，不同的運動品牌都自然希望在這方面分到點羹。所以要推廣跑步產品，最直接方法是由品牌贊助長跑比賽，根據全美銷售統計平台（www.statista.com）報道，2015 年全美運動用品銷售額達 64.8 億美元，其中運動鞋達 20.99 億，運動衣着 14.59 億，其他運動裝備 29.22 億。[6] 在賽事品牌贊助方面，長跑及耐力項目賽事達 1.188 億美元。[7]

5　http://www.statista.com/topics/1243/nike/
　　http://www.statista.com/statistics/268416/net-sales-of-the-adidas-group-worldwide-since-2000/

6　http://www.statista.com/statistics/280403/sales-of-running-und-jogging-apparel-in-the-us/

7　http://www.statista.com/statistics/509364/endurance-sports-sponsorship-spending-worldwide/

田總與贊助商的互動

在商言商，品牌贊助商必定會計算其贊助效益，主辦機構的口碑及組織能力必然是考慮的因素。田徑總會作為香港田徑運動的總會，在推廣田徑運動外，要負責挑選運動員代表香港作國際性比賽，在賽事組織上要符合國際田聯 (IAAF) 訂定的比賽守則。總會的名譽副會長彭冲先生自六、七十年代已是響噹噹的跳高跳遠運動員，是港協暨奧委會義務秘書長；首席副會長高威林先生在 1969 年香港首屆國際馬拉松時任田總秘書長，一直致力發展香港馬拉松賽事，亦是亞洲田聯的創會成員，歷任亞洲田聯評議會委員（1975-2015）；現任主席關祺先生是亞洲田聯技術組執委、國際田聯裁判，亦曾任2012 年倫敦奧運會的國際裁判之一；副主席馮宏德先生是亞洲田聯越野賽及道路賽組執委，亦是國際田聯的甲級丈量員，大大小小的國際馬拉松賽事都由他量度及審核，首席副主席楊世模博士是亞洲田聯醫務組執委、港協暨奧委會首席物理治療師，亦是 2013 年國際奧委會運動預防及創傷大會的唯一一個有專題發表的亞洲代表。田徑總會在組織長跑賽事上的實力是毋庸置疑的。

田總舉辦的長跑賽事中，首先是賽道的選擇，站在贊助商的角度，賽道要能吸引跑手參與的同時，賽道最好是開放的，方便觀眾打氣。但一般道路長跑賽事都涉及封路安排，這往往需要反覆跟政府相關部門表述、申請。賽道選定了便要確保賽道距離的準確性（如 10 公里、半馬及全馬等）。田總的道路賽事均由合資格的國際丈量員量度賽道，所以任何香港紀錄甚至世界紀錄的誕生，一律都受國際田徑聯會認可。舉辦一場長跑賽，田總除了需要向政府部門申請賽道外，計時系統、封路安排、預先通知受影響社羣/人士、工作人員和裁判的安排、急救安排、傷患處理、行李寄存及跑手飲料與食物補充等都是比賽基本所需，田總會依從一貫工作的守則。

屈臣氏蒸餾水、Bonaqua、佳得樂、葡萄適等都曾為田總舉辦的長跑賽事提供飲料贊助。除了飲料外，贊助商都會裝飾水站、提供印有其標誌的服裝予工作人員，目的是吸引跑手注意，增加品牌的曝光率。另外，贊助運動

服裝更是最能收宣傳之效，特別是紀念跑衣活像流動廣告版，不時在街上都
會發現跑衣的蹤影。以下是田總曾舉辦多個受歡迎的商業贊助賽事：

中銀盃國際金一哩賽（1986－2002）

Adidas 大路之王（1982－2003）

Nike 香港 10 公里挑戰賽（1997－2008）

Asics 香港 10 公里挑戰賽（2010－現在）

Reebok 香港 15 公里挑戰賽（2002－2006）

特步香港 15 公里挑戰賽（2010－2012）

Ronhill 香港 15 公里挑戰賽（2013）

Brooks 香港 15 公里挑戰賽（2014－現在）

美津濃香港半馬拉松錦標賽（1993－現在）

太古集團 1997 青馬大橋馬拉松（1997）

香港越野錦標賽（2009）

葡萄適香港越野錦標賽（2015－現在）

Nike Women's 10K Hong Kong（2015－2016）

田總最成功的商業贊助賽事 ── 渣打香港馬拉松

　　由田總主辦，渣打銀行冠名贊助的渣打香港馬拉松，不經不覺已踏入 20 年。自 1997 年只有千多人參與的長跑賽，發展到 2016 年錄得 74,000 人參加的體育盛事，除了政府各部門的支持外，渣打銀行的多年付出實在功不可沒。一直以來，田總致力運用專業技術去舉辦賽事，途中確實遇到不少阻力。香港始終地小人多，交通網絡複雜，路面空間少，要在不影響緊急救護服務為大前提下，田總一直與政府各部門努力去規劃差不多橫跨香港九龍新界的賽道。籌備之複雜與難度之高，是本地比賽中數一數二的。

　　渣打銀行方面利用其世界銀行地位，以及強勁的宣傳策略，令賽事有專業正面的形象，並廣為大眾接受。每年賽事都能吸引世界各地精英來港作

賽，亦因為渣打香港馬拉松賽事的成功，及後於 2004 年開始舉行了渣打馬拉松 —— 全球最強之戰（The Greatest Race on Earth），集合各國馬拉松選手的隊伍，跑畢全球四個渣打馬拉松（包括肯雅奈羅比、新加坡、孟買和香港），以隊伍累積的最快時間競逐高額獎金。除香港之外，渣打更在全球九個城市贊助馬拉松，包括新加坡、印度孟買、肯雅奈羅比、吉隆坡、曼谷、杜拜、史坦雷、澤西及台北。

渣打香港馬拉松一直致力推廣規律運動及保持健康的生活方式。雖然每個跑者都可有不同的原因來參加馬拉松，可能為了強身健體、公益、社會共融及環保。馬拉松精神卻始終如一："從心出發　跑出信念"。田總和渣打亦應用馬拉松這個平台，為教育、慈善及環保盡一點綿力。

馬拉松 101 教育計劃

馬拉松 101 教育計劃是一項為全港中、小學生而設的免費綜合性教育計劃，內容配合教育局的全方位學習及其他學習經歷（OLE）政策，鼓勵他們參與德育及公民教育、社會服務、與工作有關的經驗、藝術發展和體育發展。當中馬拉松 101 的活動包括馬拉松跑手培訓計劃、小記者做訪問、唱作比賽打氣大行動、啦啦隊大賽、吹氣不倒翁設計比賽等等，藉此宣揚永不放棄的馬拉松精神。自 2006 年推出以來，一直得到教育局的全力推薦，全港至今已逾 81% 的學校參加。

渣打香港馬拉松籌款活動

渣打香港馬拉松致力關懷社區，並透過馬拉松籌款活動為三個受惠機構籌款，包括渣打全球籌款活動 "看得見的希望" —— 奧比斯、香港殘疾人奧委會暨傷殘人士體育協會及香港防癌會。

馬拉松 101 教育計劃

綠色馬拉松

　　為打造更環保、更綠色的賽事，渣打香港馬拉松致力引入不少環保措施。自 2011 年起，全力支持"放駕一天"減碳行動，邀請參加者及全港市民於賽事當日避免駕駛，讓座駕"放假一天"。讓我們乘坐公共交通、跑步、步行或踏單車，往返參加渣打香港馬拉松，為環保出一分力！

　　除了渣打銀行為冠名贊助商，比賽亦因應各種比賽所需而衍生其他贊助商。以 2016 年為例，大會計時、賽事領航車、飲料、海外運動員及一系列會議的指定酒店、工作人員及跑手的服裝等都由不同的贊助商提供，而贊助品都全數投放在賽事、工作人員及跑手上。另外，比賽前的週末於銅鑼灣維多利亞公園舉行"渣打香港馬拉松嘉年華"，是賽前一個重點項目。這兩天跑手除了可以領取選手包外，亦可以一家大細免費參加嘉年華部分，當中有超過三十多個攤位，贊助商亦把握機會推銷其產品。舞台表演、比賽歷史，還有印有 7 萬多名比賽跑手名字的"跑手牆"。2016 年兩天的總入場人次多達 13 萬 7 千多人。

　　渣打香港馬拉松已經成為每年的體育盛事，比賽既能凝聚跑手力量，透過賽事帶來積極訊息，商業贊助亦視之為重要宣傳渠道，目標清晰地打入運動羣組。誰還敢說，體育對經濟沒有貢獻？

　　要成功舉辦這個全年最多人參與的體育盛事，除了贊助商的贊助外，幕後的工作人員羣策羣力，政府有關部門的支持是不可少的，就以 2016 渣打馬拉松為例，秘書處與有關部門開會商討達 75 次，比賽當日工作人員達 4,686 人。總會在贊助商的支持下，能更完善地組織整個賽事，為跑手提供一個既合乎國際田聯規格的長跑賽事，亦為羣眾跑手提供一個輕鬆愉快的跑步經驗。

渣打香港馬拉松嘉年華

未來迎向更多體育活動

　　要舉辦一場有聲有色的比賽，除了政府的支持與總會在技術層面的策劃外，商業贊助是不可或缺的，他們的付出既為其品牌宣傳，但與此同時亦推動本地運動經濟產業，令大眾可參與更多有趣創新的比賽。長跑這個熱潮，應該方興未艾，要能持續熱潮，宣傳策略方面不能以傳統的單向性推廣，如在報紙雜誌下廣告或僱用合約藝人穿着品牌服裝接受大小訪問。網上社交平台（Social Media）如 facebook、Instagram、WeChat、Twitter、Snapchat、Pinterest、微博等等的湧現，品牌都集中透過各類平台專頁大肆推廣其贊助的比賽。熟悉社交平台的朋友都知道這一系列的平台，正如病毒一般將訊息傳遞開去，不消一小時就能讓成千上萬的羣眾馬上知道，威力絕對不能小看。透過社交平台，宣傳模式比傳統媒體（報紙、廣告牌及電視廣告）更能與羣眾有更多互動交流，同時亦可以有更多創新意念而獲得即時宣傳效果。根據美國 Running USA 2016 年美國長跑者的普查，超過六成人帶着手機跑步；一半人士喜歡將自己的跑步經驗放上社交媒體；四成人在 facebook 搜尋賽事資料，[8] 這個病毒式行銷方法（Viral Marketing），真的是威力無窮，亦是持續長跑熱不可缺少的方向！未來市民追求健康生活的風氣越趨熾熱，運動參與將更趨普及。我們亦樂見商業贊助繼續支持本地體育發展。未來希望能夠帶動更多商業機構去贊助本地田徑場地賽，令田徑賽事能夠與長跑賽同樣受歡迎。

8　http://cdn.trustedpartner.com/docs/library/RunningUSA2012/NRS_EarlyFindings_Final2.pdf

總結　展望，繼往開來

　　香港從有紀錄的長跑賽事（1910 年）到現在已經超過一世紀了，田徑總會的成立超過一甲子，2016 年是田徑總會的 66 週年。本港長跑的發展和香港社會的發展連成一線，戰前參與長跑的人士主要是駐港英軍或印巴籍僱傭兵，重光後的香港，百廢待興，居民都為口奔馳，個別有長跑天分的長跑選手都從南華會等體育會訓練出來。六十至七十年代的獅子山下同舟共濟，在跑道上、在人生上為理想一起去追。在跑道上是公平的，在人生事業上是公平的，沒有所謂贏在起跑線，有的只是天道酬勤，功不唐捐。六、七十年代的香港社會沒有現今發達，跑手可以在彌敦道上奔馳，旁邊就是歡呼的羣眾及偶爾傳來車鳴聲，大家互相配合，亦沒有封路這回事。八十年代香港發展迅速，引來大羣來港就業的洋人，華洋競技，培養出一羣優秀的長跑手，同時社會急速發展亦令長跑賽事不能在市區舉行，大家唯有大地在我腳下，往郊野跑，但這未嘗不是洗滌心靈的好方法。回歸後，長跑熱在市民大眾心中慢慢植根，這一方面固然是西氣東來，亦因本港從主要是勞動人口，轉變至以服務業及專業人士為主的結果，大眾不僅為口奔馳，對自身健康意識亦加強，長跑能強身健體，便成為一個很好的切入點，令大眾多做運動。但田總在開始舉辦渣打馬拉松初期面對不少阻力，尤其是封路方面，反對聲音尤為激烈，經過了 20 年，馬拉松跑終於就像 1920 年代一樣，可再在彌敦道上奔馳，不同的是昔日參加者稀，今天是戶限為穿，能夠讓 4 萬多人在彌敦道上暢跑，委實要政府多個部門的協助，市民大眾及持份者的體諒和支持。

　　發展至今，在長跑運動盛事化方面亦面對樽頸，以獲得國際田聯金章的渣打馬拉松為例，國際田聯審核一場道路賽事並給予章別是相當嚴格的。除了在精英選手類別有嚴格要求外，賽事亦必須要有最少兩小時的電視直播，比賽終點要有專用傳媒區及必須有網絡供應。其他如安全檢查、急救醫療設施及藥檢亦有特定要求。這些都確保賽事合乎國際田聯的最高規格。但是，路跑主要還是羣眾參與的賽事，精英跑手畢竟佔很少數，那麼羣眾的需求又是甚麼呢？相信除了上述的幾點外，就是賽道的特色，最佳的特色無疑是跑在城中，及平時行人止步的地方。這對主辦者來說有一定難度，以往全年只有一兩場大型道路賽事，如今發展至全年共有 112 場賽事，可想而知，在盡量不擾民及能促成賽事的封路問題上，政府有關部門的確已兩全其美。這方面，組織單位最好能預先配合，同時政府當局最好由一個部門統籌，體育專員的成立應該是一個很好的契機。為盛事化體育項目撤除障礙。

在長跑運動員精英化方面，說實在話，現今的精英跑手比起七、八十年代在跑步資源上已好多了，更遑論五、六十年代大部分都要為口奔馳。老一輩跑手都要為生活拼搏，長跑訓練一般都在上班前或下班後帶着疲乏的身軀去跑步，更有甚者，有些人的工作不定時或輪更制的，訓練就更加難以維持，就以長谷川遊子為例，她本身是一名空中小姐，經常穿梭於香港與外地，有一次她出差到杜拜，當地的風俗不歡迎女性在街上跑，她為了馬拉松訓練，自行在酒店房間內練習。那些年沒有全職教練，運動員的訓練都是無師自通的，有些資深的運動員會在工餘時間免費為其他運動員操練，八十年代的中長跑運動員很多都是拜符德門下。

而在六十至八十年代，在田徑圈中最有教無類的，不得不說公民體育會的朱福勝先生了。那個年代，田徑場設施不足，朱福勝先生每天都從家中揹着器材帶到田徑場給有需要的運動員使用。現今政府從香港體育學院對現役運動員的資助可說是相當全面，體院的設施在亞洲地區幾可執牛耳，A+ 級全職運動員每月薪金可達 36,400 港元，精英 C 級別亦最少有 9,520 港元，同時食宿、訓練、醫療及營養等都照顧有加。

馬拉松或長跑是眾多田徑項目中比較弱的一環，至今為止，本港只曾產生四名馬拉松奧運的女代表，而男運動員則從沒有一名能進軍奧運，其他運動員真的要加把勁，而總會在運動員培訓上應該可說是責無旁貸的。姚潔貞跟從日籍教練村尾而成功進軍奧運是成功的例子，村尾亦提出 2020 東京奧運的四年計劃，從優秀的中長跑選手選才，先做好 5,000 米及 10,000 米成績才考慮馬拉松賽事。看來名師是有了，問題是運動員願不願意跟隨村尾教練的刻苦訓練。

普及化的必然現象是跑手的光譜寬了，精英跑手談的是成績、名次。羣眾跑手所追求的可大不相同。王國維在他的《人間詞話》道出做學問者的三個境界。王家衛在《一代宗師》也說習武者有三個境界：見自己，見天地，見眾生！跑者是否也經過三個境界呢？

初跑者，多是抱着強身健體的心態，誠惶誠恐，戰戰兢兢，每次練習或比賽都擔心自己心有餘而力有不足，根本沒時間理會周邊的其他跑手，所謂"自己知自己事"，每次練完在臉書羣組的 posting 多是常存感恩。不想也不敢和別的跑手比較，還是了解自己多一點更好。這方面，總會能否提供更貼心的長跑知識或訓練方案，匯聚同道，樂在跑中？同時坊間跑步班如雨後春筍，雖不致良莠不齊，田總作為田徑／長跑的香港總會，是否需要為這些跑步普及班提供指引或規範呢？

跑手跑齡多了，見識多了，不期然想看看天地，posting 見的多是自己的成績、訓練日誌，同時總愛問問別人的成績，又喜歡和自己的比較一下。這時候便不僅僅是強身健體了，是挑戰自己極限的階段，挑戰自己，風險隨即增加了！這方面總會又可以做些甚麼呢？組織上，田總在醫療急救有既定的準則，大藍圖是根據國際田聯準則而釐定，這些是否應該推廣到其他舉辦長跑賽事的團體呢？在賽前風險評估及訓練強度的風險評估，是否需要更着力推廣給各跑手及跑會呢？

其實對很多跑者來說，久而久之，慢慢地，他們會到了拈花一笑的境界，正如關漢卿所説："賢的是他，愚的是我，爭甚麼？"

都是村上春樹先生最了解跑者："寫出來的東西能不能達到自己所設定的基準，比甚麼都重要，而且是無法隨便找藉口的事情。對別人或許可以想辦法適度説服，但對自己的內心卻絲毫也無法蒙混，在這層意義上寫小説和馬拉松很類似，基本上，對創作者來説，動機是確實在自己心中安靜存在的東西，不應該向外部求取甚麼形式或基準。"

在人生馬拉松上，不正是很多人都默默耕耘，不求別人的掌聲，為的是心中的迴響。或許這就是我們所説的馬拉松精神！

圖片來源

（以下未有列明來源之圖片均由作者提供）

頁 004 及 005（上圖）	《皇仁書院 150 週年校慶特刊》
頁 006	《南華早報》
頁 007（上圖）	http://gwulo.com/node/2546/photos
頁 007（中圖）	Library of congress https://www.loc.gov/item/ggb2004009937/
頁 007（下圖）	Library of Congress http://loc.gov/pictures/resource/cph.3c18539/
頁 008	https://commons.wikimedia.org/wiki/File%3ATcitp_d259_ victoria_recreation_club_house.jpg
頁 011	*Celebrating St. Andrew's Church*（聖安德烈堂）
頁 012（上圖）	《南華早報》
頁 012（下圖）	政府檔案處、歷史檔案館
頁 013（上圖）	https://gwulo.com/atom/11126
頁 013（中圖）	http://upload.wikimedia.org/wikipedia/commons/b/be/ Map_of_Hong_Kong_in_First_Convention_of_Peking_ in_1860.jpg
頁 013（下圖）	政府新聞處圖片資料室
頁 014	政府新聞處圖片資料室
頁 015	香港歷史博物館
頁 016（上圖）	政府新聞處圖片資料室
頁 016（中及下圖）	香港歷史博物館
頁 017（上圖）	https://gwulo.com/atom/18110
頁 021（上圖）	高添強
頁 021（下圖）	香港歷史博物館
頁 023（上及左下圖）	香港中華基督教青年會
頁 023（中圖）	《香港中華基督教青年會百週年會慶特刊》
頁 024（上及左下圖）	香港中華基督教青年會
頁 025（上圖）	香港中華基督教青年會
頁 028	政府新聞處圖片資料室
頁 035（左圖）	政府新聞處圖片資料室
頁 036	政府新聞處圖片資料室
頁 038（左圖）	《工商晚報》

頁 040（下圖）	《南華早報》
頁 045（上圖）	《華僑日報》
頁 069	《南華早報》
頁 072	政府新聞處圖片資料室
頁 078	《南華早報》
頁 079	《南華早報》
頁 080（上圖）	https://commons.wikimedia.org/wiki/File:ShaTin-ShingMunRiver-EarlyStageOfDevelopment.jpg
頁 081	《南華早報》
頁 085（下左及下右圖）	《南華早報》
頁 087（下左及下右圖）	《南華早報》
頁 088（下左圖）	《南華早報》
頁 129（上左圖）	香港中華基督教青年會
頁 130（左圖）	《華僑日報》

鳴謝

香港業餘田徑總會

《工商晚報》內容蒙何鴻毅家族惠允轉載

《南華早報》

《華僑日報》

政府新聞處圖片資料室

政府檔案處，歷史檔案館

香港歷史博物館

香港公共圖書館

香港中華基督教青年會

香港中華基督教青年會百週年會慶特刊

協調田徑會

香港長跑會

香港運動攝影協會

警察田徑會

高添強先生

Mr. Roy Bailey